Faut-il comprendre la poésie ?

Du même auteur

Horde, Obsidiane, 2003 (1989)

Le Rituel du livre, Hachette 1999 (1992)

Traité de la mélancolie de Cerf, Champ Vallon, 1992

Victor Segalen, l'origine et la distance, Champ Vallon, 1993

Passage des oiseaux pihis, Le Temps qu'il fait, 1996

Pour affoler le monstre (Preuves et épreuves d'une poésie actuelle) en collaboration avec François Boddaert, Obsidiane, 1997

Horde suite, Obsidiane, 1997

Propos et billevesées d'un entrepreneur en poésie, Obsidiane, 1997

Trois villes dans l'œil d'Orion, Le Temps qu'il fait, 1998

Vanité du roi Guitare, Champ Vallon, 1999

La Méthode Flaming, Fayard, 2001

Illettrés, durs d'oreille, malbâtis, Champ Vallon, 2002

Rumeurs de la fabrique du monde, José Corti, 2004

Poète, mœurs et confins, Champ Vallon, 2004

Par océan, Obsidiane, 2004

Christian Doumet

Faut-il comprendre la poésie ?

50 QUESTIONS

PARIS
KLINCKSIECK

5 0 Q U E S T I O N S

Collection dirigée par Belinda Cannone

Illustration de couverture :
Bénédicte Plumey,
gouache, mai 2004
(avec l'aimable autorisation de l'artiste)

www.klincksieck.com

© Klincksieck, 2004
isbn 2-252-03485-8

50 QUESTIONS

« Comprends pas. »

Stéphane Mallarmé

Une rumeur équivoque court sur la poésie. Cependant qu'on dénonce volontiers, en elle, le démon de l'hermétisme et le péché d'élitisme, on continue à l'invoquer, à révérer ses pouvoirs émotionnels, à la croire même parente de quelque vérité. Semblable ambiguïté grève nos relations collectives à la musique savante, à la peinture, et peut-être à tout le domaine de la création contemporaine, partagé qu'il est entre les postulations divergentes de la consommation et de la contemplation, de la culture et du culturel. La sphère de la poésie est sans doute un bon observatoire de ces contradictions qui, quel que soit notre rapport aux choses de l'esthétique, nous traversent de part en part. Dans un monde qui, depuis quelques millénaires, a fait de la parole son bruit de fond et sa monnaie d'échange, les poèmes prennent acte de ce bruissement, l'écoutent, le travaillent et le recyclent en un silence particulier. Si bien que *comprendre* aujourd'hui ces lambeaux détachés vifs du corps omniprésent de la langue, ces bribes de parole pleine, c'est d'abord être disposé à écouter le travail du silence dans nos échanges qu'il effraie, et que souvent il ruine.

Une telle écoute ne suppose pas seulement qu'on se demande – on l'a souvent fait – *comment* comprendre la poésie. Les questions de modalité, de méthode et de compétence viennent après une autre, qu'on pose rarement, mais dont tout dépend : *faut-il* comprendre la poésie. Ce *falloir* témoigne d'un risque : il indique le danger que toute attention poétique fait peser sur le monde de la langue, autrement dit, sur le monde tout court. Il désigne aussi le lieu des raisons : celles qui doivent nous porter à décider d'une attitude face aux œuvres qui nous hantent et aux poètes qui, si discrètement mais si tenacement, nous côtoient.

Ce livre traverse une seule et unique question : celle de notre désir face à la langue. Mais à peine la pose-t-il qu'elle s'évade et se multiplie en cinquante regards portés sur ce proche incompréhensible : l'*inquiétante étrangeté* du poème, son poids de non-sens, son odeur animale, son pouvoir de défiguration... Et peut-être est-ce au moment où il repense les figures les plus énigmatiques de l'incompréhension, qu'il se tient au plus près de l'évidence poétique : de ce noyau de nuit que chaque poème vient peser en nous, et dont quelquefois il nous délivre un peu.

I

LE SOUCI DE COMPRENDRE

1 *Comment se fait-il qu'une obscurité ponctuelle ne gêne en rien le mouvement de la lecture ?*

« Le bateau ivre » est l'un des poèmes les moins énigmatiques de l'œuvre de Rimbaud. Mis à part quelques difficultés lexicales, son propos, son dessin général ne présentent à peu près aucune obscurité. Même les lecteurs peu familiers de la poésie de Rimbaud aiment « Le bateau ivre ». Il leur parle d'une chose simple qu'ils connaissent en partage : l'éblouissement des horizons lointains. Pourtant, leur acquiescement, leur enthousiasme peut-être, a dû franchir ce vers qui, loin d'entraver leur lecture, l'a au contraire étrangement favorisée :

J'ai rêvé la nuit verte aux neiges éblouies...

Voilà ce qu'il faut d'abord tenter de comprendre.

« Le bateau ivre » installe d'emblée un certain régime de sens auquel il se tiendra sans faille. Une relation rapidement établie entre le titre et le deuxième vers nous fait comprendre que l'initiative de la parole est dévolue ici à un bateau : ce simple fait nous place dans une sorte de surnaturel où l'on peut croire que rien n'est plus susceptible de nous surprendre. Les amarres qui nous attachaient à la réalité sont aussi rompues que celles de l'aventureux navire.

Pour autant, rien qui s'apparente ici à un débridement total, ou à ce que d'autres appelleront bientôt une « écriture automatique ». Surnaturellement confié à un objet inanimé, le foyer de l'énonciation n'en garde pas moins sa rigueur. Rigueur formelle, d'abord, sensible à la perfection des vers et à la très grande tenue syntaxique et lexicale de la langue. Mais rigueur logique, également, selon laquelle, une fois posé le principe de la dérive maritime, le poème y restera fidèle jusque dans ses moindres détails. Il s'agit de concilier, au cœur d'une même voix, la précision d'une description et la liberté d'une errance : *une* vision et *des* visions. Et de tenir cette conciliation sur une vaste étendue strophique. L'idée de déléguer la parole aux choses ne représente toutefois rien de très neuf. Il y a même là un stéréotype poétique dont on trouverait maints témoignages dans la poésie baroque, dans les fables ou dans les chansons populaires : donner l'initiative verbale à un être inanimé pour lui faire dire ce que l'être animé ne saurait dire. Ce détour est de nature allégorique. Et la lecture de La Fontaine, par exemple, nous a appris très tôt à interpréter allégoriquement de tels déplacements : le lion, nous le savons bien depuis toujours, c'est en réalité le roi.

Remarquons qu'il n'en va pas exactement ainsi avec « Le bateau ivre ». D'abord parce qu'ici, le détour n'a pas de vraie portée allégorique. Ce bateau qui nous parle, *qui* représente-t-il ? En outre, quelle sorte d'empêchement pourrait justifier cette délégation de parole ? Ensuite, le phénomène dépasse de beaucoup celui d'une équivalence implicite. Au contraire, Rimbaud s'attache à conférer au bateau une vraie personnalité psychique, verbale et esthétique ; en l'absence de toute identification, on est obligé d'admettre qu'il constitue une entité personnelle extrêmement singulière ; et que cette singularité n'est justement pas sans relation avec le caractère surnaturel de la délégation. Mieux : sans doute fallait-il que le *je* qui scande le poème fût dégagé de toute entrave humaine pour accueillir, dans son regard, un si large champ d'expérience.

Quelque chose se passe ici entre un objet (le bateau ivre) et son élément (l'eau des fleuves et des mers). L'humanité, elle, a été congédiée dès la strophe initiale, bonne à clouer au pilori :

Des Peaux-Rouges criards les avaient pris pour cible,
Les ayant cloués nus aux poteaux de couleurs.

Elle n'apparaîtra plus désormais que pour attester son congédiement, sous forme de « noyé » (à deux reprises). C'est donc la nature anthropologique du langage qui se trouve spectaculairement suspectée ; et la tentative d'une parole sans l'homme qui est risquée à travers les affres du périple. Que cette suspicion et cette tentative autorisent, imposent même, un bouleversement des catégories linguistiques et mentales, une telle conséquence est à la mesure de l'ampleur du projet. Car ce que *voient* les choses, ou plutôt, ce qu'elles *ont vu* (l'insistance sur le passé composé est significative) avant que l'homme les asservisse à son usage, ne peut être qu'étranger aux catégories humaines de la représentation. La nuit rêvée dans de telles conditions ne saura être autrement que verte, et les neiges, autrement qu'éblouies.

Pouvons-nous dire, pour autant, que nous avons *compris* le syntagme qui nous importe ? Tout au plus en avons-nous dessiné la place, rendu admissible la possibilité. Mais la teneur du bouleversement, elle, reste obscure : à savoir, que dans le rêve du bateau ivre, la nuit soit verte et non bleue, ou jaune ou cerise ; et que les neiges retournent contre elles, passivement, leur pouvoir d'éblouissement. Car, notons-le, les « neiges éblouies » gardent trace d'un cliché, ou d'une idée reçue : la capacité des neiges à éblouir, synthétisée dans le syntagme « neiges éblouissantes ». Le vers renverse donc très simplement un stéréotype (*éblouies* pour *éblouissantes*, passif pour actif) sans toutefois nous faire perdre de vue sa matrice. Il en va de même pour la nuit verte, qui n'est qu'une variation du cliché « nuit noire », la symétrie des deux déplacements jouant sur l'opposition esthésique entre lumière et obscurité.

Cependant, s'il s'agit, dans le premier cas, d'un renversement, le second ouvre au contraire un éventail de couleurs possibles, parmi lesquelles rien ne permet de retenir plus spécialement le vert. Certes, on invoquera quelque expérience nocturne particulière, le rayon vert de l'aube naissante, ou tel effet gazeux qui fournira, comme en dernier recours, une sorte de justification réaliste au syntagme « nuit verte ». Mais Rimbaud nous en prévient : il s'agit là d'un *rêve*, et de telles invocations constitueraient d'emblée un contresens. Il faut donc renvoyer l'étrange choix chromatique à la seule puissance du rêve qui gouverne tout le vers (tout le poème ?) ; admettre, en somme, que cette couleur de la nuit n'est là justement que pour rendre plausible et efficace le gouvernement du rêve. Une lecture plus complète de l'œuvre de Rimbaud nous confirmerait d'ailleurs son singulier tropisme pour le vert, allié régulièrement à l'éveil, à l'élan, à la vivacité des choses. Choix qui n'est, au demeurant, pas totalement arbitraire, puisque, là encore, il trouve appui dans la langue sur une parenté lexicale avec la verdeur. En ultime analyse, pourtant, la nuit verte constitue bien un irrationnel du poème. Un irrationnel que tout le poème et, plus loin encore, toute l'écriture rimbaldienne, tendent à rendre acceptable.

2

Quelque chose reste à comprendre lorsque la logique sémantique a été reconstruite. Quelque chose... Quoi ?

Un poème n'est pas une mécanique de sens. On s'abuserait si, à partir de deux ou trois rouages démontés et mis à nu, on se représentait l'objet entier comme une horloge. Certains, jadis, l'on cru. Une fameuse explication d'une des pièces intitulées « Les chats » de Baudelaire a même donné à penser qu'avec un peu de doigté, on saurait faire rendre gorge à tout poème, et remonter, pour ainsi dire, du boyau à la bête (Jakobson, 1973 : 401 *sq.*). Un commentaire exhaustif des *Chimères* de Nerval allait dans le même sens (Geninasca, 1971). L'époque était ainsi faite que, selon des modèles empruntés à une certaine idée de la science, une nécessité intraitable exigeait qu'à tout prix on force le secret de la matière textuelle comme on avait forcé celui de la matière physique.

Mais, d'une façon plus générale, ne faut-il pas ici rappeler que toute herméneutique vise à saturer son objet ? Ce, pour une raison simple : qu'un reste d'inexpliqué lui apparaît comme une menace. Aux yeux de l'herméneute, le danger réside dans les derniers pans d'ombre. D'une seule de ces poches de résistance peut venir le démenti capable de renverser son édifice : après tout, le corps de l'œuvre est souverain ; il n'a, lui, rien à démontrer, il lui suffit de se montrer. Or l'angoisse de l'herméneute est aussi insurmontable que vain l'espoir d'épuiser le texte : la variabilité historique des discours critiques, la diversité de leurs points de vue, la nature essentiellement indéterminée et imprescriptible des objets symboliques invalident, à leur sujet, toute prétention à une totalité close du sens. C'est dire qu'ayant tenté, par des voies sémantiques, de venir à bout d'un seul vers de Rimbaud, on ne se sent encore que sur l'avant-seuil de l'élucidation.

Qu'est-ce donc qui inquiète, et qui doit inquiéter la lecture du poème ? Et d'abord, pourquoi cette résistance ?

Par son universalité, le fait poétique constitue une opération anthropologique d'une nature très particulière. *Il s'agit, à partir du langage, d'instaurer avec autrui une relation qui englobe le monde.* Sans doute l'idée qu'un lien tissé dans la sphère linguistique implique aussi ce qui se tient hors du langage nous demeure-t-elle obscure. Voici, pour l'éclairer, un quatrain de Ronsard :

> J'aurai toujours au cœur attachés les rameaus
> Du lierre, où ma Dame oza premier écrire
> (Douce ruze d'amour) l'amour qu'el'n'osait dire,
> L'amour d'elle & de moy, la cause de noz maus...
> (Ronsard, *Continuation des Amours*, sonnet LIX)

Les rameaux du lierre représentent ici le seul lien demeuré entre l'amant et sa dame. Impossible dans le réel (*la cause de noz maus*), la relation est restaurée ailleurs, grâce à cet objet transitionnel, emprunté, lui, à la plus tangible réalité. Un objet naturellement investi d'une forte valeur symbolique, qui pourtant reste, en son essence, étranger au lien qu'il a mission de rétablir. Il faut mesurer cette « étrangèreté » comme un élément capital du processus poétique. On est, bien sûr, immédiatement sensible à ce que suggère ce lierre : à sa vertu d'incrustation, à son pouvoir de prolifération, à l'idée qu'il incarne d'une obstination vitale, à la parenté phonétique et graphique, enfin, que le mot entretient avec *lier*. Ces qualités, Ronsard les détourne au profit de son amour, par l'opération d'une métaphore prolongée. Mais les traits de divergence ne sont pas moins importants que les effets de convergence. En vérité, le phénomène proprement poétique, ici, n'est pas tant la métaphore que ce reste inassimilable par la rhétorique, cette persistance irréductible lancée à la face du lecteur : un cœur enveloppé de lierre. Tous les réseaux de comparaison possibles ne sont là que pour mieux incruster dans la chair du poème cet impossible, que pour mieux le présenter – mieux le rendre présent. Or, de cet objet aberrant, il n'est absolument rien à dire ; et c'est pourquoi les commentaires de la poésie, qui eux sont sommés de parler, abondent toujours dans le sens des similitudes métaphoriques. Il n'est rien à dire du cœur enveloppé de lierre, parce que cette image est la mesure d'une expérience profondément taciturne : les silences de l'être aimé, d'abord (silence de pudeur, puis silence d'indifférence) ; mais ce silence plus général aussi (dont l'amour défait est peut-être chez Ronsard une indication) que le monde des choses oppose à notre désir d'entente et d'entendement.

Il est significatif, ici, que l'écriture prenne la place du fruit défendu, cueilli par la Dame-Ève et offert au poète adamique qui y goûte, en effet, et y découvre, dans un autre sens cette fois, « la cause de nos maux ». Le lierre figurerait-il l'arbre de cette connaissance particulière qui, attachée au cœur, en devient le parasite ? Savoir irréductible au langage, et qui nous dévore. De l'arbre de la Genèse au lierre de Ronsard, le lien est, une fois encore, celui de la métaphore ; mais l'arbre de la connaissance bée lui-même sur un impensable initial, et certainement fondateur aux yeux de Ronsard : le végétal (arbre, fruit, lierre…, métonymies de la Création) qui enferme en lui le malheur de l'humanité, et par conséquent le mal de chaque sujet singulier.

Si bien que la relation restaurée par le poème sur un plan symbolique ne concerne plus seulement – et peut-être plus du tout – le couple référentiel exhibé, en trompe-l'œil, sur la scène des *Amours*, mais une tout autre instance, un tout autre couple, à la fois archétype et ordinaire, fondé sur une communauté paradoxale d'élection et d'impossibilité : l'homme et le monde. Parmi maintes significations attachées, en poésie, au motif récurrent des amours empêchées, il y a cette communauté qui unit entre elles des altérités inconciliables, l'une avec son bagage de nominations, l'autre avec sa masse d'innommable. Confronter l'amoureux au lierre, comme fait Ronsard, c'est introduire dans le champ de la parole le monde de l'inexprimable (ou, si l'on veut, la figure inexprimable du monde).

De là découle une double conséquence. Le sens du monde, d'abord, se trouvera désormais moins tributaire de l'idée d'organisme et de totalité (de *cosmos*), qu'identifié à cette résistance au dire, sous toutes ses manifestations. La langue, elle, sortira troublée de cette résurgence des choses en son sein, comme le souhaite d'ailleurs une page du *Grand Recueil* de Ponge : « L'espoir, écrit-il, est donc dans une poésie par laquelle le monde envahisse à ce point l'esprit de l'homme qu'il en perde à peu près la parole, puis réinvente un jargon » (1961 : 137).

3 *Dire que le monde est ce qui résiste, ce qui inquiète, ce qui fait obstacle dans le poème, n'est-ce pas simplement mettre un nom sur l'objet de la question, et encourir le risque d'un sophisme nominaliste ?*

Il est possible, en effet, que *monde* ne soit rien d'autre que le nom de ce mutisme obstiné dans la langue – ce « monde muet » que Francis Ponge, justement, disait notre seule patrie ; et, partant, le signifiant de cette étrangeté que nous cherchons à saisir.

Or à interroger ce signifiant, on le voit pris dans au moins deux perspectives de sens. L'une déploie une métaphysique transcendantale, où *monde* désigne, hors de toute détermination temporelle, l'ensemble des conditions de possibilité nécessaires et suffisantes à l'avènement d'un étant. La philosophie peut s'attacher, à chaque époque, à en repenser les contours : son centre est invariant. L'autre perspective, à l'inverse, décrit les mouvements d'une chronique, tant il est vrai que, comme on dit, *le monde change*, et que ce mot sert aussi de signe de ralliement à une communauté temporelle. C'est ici dans sa dimension historique qu'il résonne, autrement dit, dans sa pluralité : notre monde n'est pas le monde d'autrefois ; et cette banalité rend compte du fait que le lierre du poème de Ronsard se partage entre deux regards, deux interprétations – deux sortes de résistance : l'une nous apprend que, par lui, les amants sont, à leur insu, partie prenante d'une métaphysique de la création ; mais l'autre, qu'ils appartiennent à un moment révolu, dont le lierre serait, pour ainsi dire, la signature.

(Afin de justifier ici l'emploi du mot « création » dans toutes ses acceptions, on peut rappeler cette remarque de Canguilhem : « Consciemment ou non, l'idée que l'homme se fait de son pouvoir poétique répond à l'idée qu'il se fait de la création du monde et à la solution qu'il donne au problème de l'origine radicale des choses. Si la notion de création est équivoque, ontologique et esthétique, elle ne l'est ni par hasard ni par confusion », 1952 : 171.)

Pour peu que nous suivions sa ligne capricieuse, le rameau végétal nous rend donc témoins de deux mondes. Deux mondes qui s'excluent l'un l'autre, qui néanmoins s'entrechoquent dans toutes nos perceptions, en déchirent le sens, la valeur affective, et finalement l'expression même : un monde des essences, et un monde des contingences. La poésie dit-elle jamais autre chose que ce déchirement ? Avance-t-elle autrement que le long de cette immense faille qui, Ronsard le dit bien, nous traverse nous aussi (passant par notre cœur) pour s'en aller fuir sur toute l'écorce du visible ?

Or si la poésie est intéressée à ce partage, et peut-être à sa réparation, c'est qu'il nous vient de la langue. C'est qu'en réalité, ce paysage fracturé qu'on voit infiniment se déployer devant soi, un fait de langage très simple l'inspire et l'ordonne : que tout énoncé exclue de sa propre scène la réalité qu'il tend à y représenter. Mallarmé a donné, de ce paradoxe, une formulation lumineuse, parce qu'imagée et synthétique, en parlant de la fleur nommée, « absente de tous bouquets ». Depuis, les poètes n'ont cessé de creuser cette vérité, et de faire vaciller la frontière ainsi tracée entre les mots et les choses. Une petite histoire de la poésie moderne révélerait ces tentatives inlassablement reprises pour brouiller les distinctions : transformer le réel, d'une part, en une matière accessible aux croisements du sens ; et son expression, d'autre part, en une chose compacte, en une masse dynamique susceptible de faire « pousser la langue par le milieu, comme de l'herbe », de faire « de la langue un rhizome au lieu d'un arbre, ce qui met la langue en perpétuel déséquilibre » (Gilles Deleuze, 1993 : 140). Gilles Deleuze est souvent revenu sur cette poussée du monde inarticulé et rhizomatique au cœur de la langue, la relevant, par exemple, dans le piaulement douloureux du héros de *La Métamorphose*, chez Kafka, dans la formule vacillante de Bartleby (voir question 14), dans le *Mal vu mal dit* de Beckett, dans les glossolalies d'Artaud ou dans le bégaiement de Gherasim Luca (voir question 6).

> *Y a-t-il une étrangeté propre au poème, ou le poème n'exprime-t-il, sur ses points de résistance, que le paroxysme d'un phénomène plus général ?*

Il faut ici reprendre une distinction classique, à laquelle se réfère d'ailleurs Deleuze : celle qui oppose langue et parole. Si la parole seule est affectée par la distorsion que lui impose le monde, l'effet reste local ; il n'atteint pas l'équilibre global du système. Mais le cas des œuvres qu'on vient de citer est différent : le Grégoire de Kafka, comme le Bartleby de Melville, affectent la langue en entier. C'est très clair dans ce dernier exemple, où la formule du copiste transforme peu à peu l'expression de tous les personnages. Si alors « la langue se confond avec la parole, écrit Deleuze, c'est seulement avec une parole très spéciale, *parole poétique* qui effectue toute la puissance de bifurcation et de variation, d'hétérogenèse et de modulation propre à la langue » (Gilles Deleuze, 1993 : 136-137 ; je souligne). Et si de telles paroles retiennent notre attention, c'est bel et bien en vertu de leur essence poétique. D'où on déduira, en passant, que la littérature moderne se distingue par l'accueil, dans toutes ses expressions, y compris et surtout romanesques, du fait poétique ; et cette manière qu'a la langue d'y être assidûment travaillée et modelée par la *question poétique* du monde. Nous ne parlons pas d'autre chose que de cette effervescence, où qu'elle se manifeste.

Il importe donc moins de définir l'étrangeté propre au poème, que ce qui, partout où elle apparaît, définit cette étrangeté comme trait de poésie : ce point de rupture où la langue laisse apercevoir, comme dit encore Deleuze, sa limite, ou son dehors. Moments critiques, certes, pour sa cohésion : un idiome étranger semble y sourdre, ou au moins une altération radicale de ce qui la constitue comme langue. Selon les cas, différentes zones, et plus ou moins vastes, sont altérées. Pour reprendre l'exemple initial, la « nuit verte » et les « neiges éblouies » de Rimbaud ne perturbent que deux fractions très localisées de la langue (les syntagmes *nuit noire* et *neiges éblouissantes*). Il se peut que des espaces plus larges soient atteints, comme dans cet extrait d'un poème de Jean-Pierre Verheggen :

Puis m'astique, va à l'toutousse, coulisse à la va-vite dans mon
arrière-boutique, forcougne, me fornique dans mes commissions
Puis en r'ssort,
Puis chovies, brouches et chovions, se r'torche et fait des araigne-
ries jusque dans l'plafond de s'culotte.

où quelques mots trahissent la forte prégnance d'un patois, sans
que manque d'être perceptible la signification globalement
sexuelle de la scène décrite. Bien plutôt, les légères distorsions
orales (élisions de *e* et de *a*) contribuent à accentuer la transgression intime des gestes qui s'accomplissent ici, sans doute impréci-
sément identifiables dans leur détail, mais tous fortement mar-
qués par la délicate crudité d'une parole qui évite certains sons
comme si elle répugnait à tout dire pour mieux laisser voir. À la
faveur de ce glissement entre voix et vision, l'intimité du secret
passe des acteurs de la fornication aux témoins de la parole : une
communauté s'invente, non plus autour des corps, mais autour
des mots. Il en va de même dans le fameux « Grand combat » de
Michaux, où la langue devient elle-même la scène d'un affrontement complice entre le texte et son lecteur. De même, encore,
dans certaines des glossolalies d'Artaud. Chaque fois se trouve
redessiné l'espace d'une communauté, de la même façon que, tout
à l'heure, le rameau de lierre intégrait à l'espace amoureux la
communauté des cœurs dévorés par le monde.

Une langue délimite un espace d'échanges. Le poème, lui,
taille dans cet espace une région plus étroite ; parfois si exiguë
qu'elle ne compte qu'un seul locuteur : le poème lui-même, face à
quoi chaque lecteur est mis en demeure d'accomplir cette double
opération : apprendre sa langue, et entendre ce qu'il dit. C'est
comme si chaque poème représentait la seule survivance d'un
idiome perdu, dont nous devions être, d'un même mouvement, et
les Égyptiens et les Champollion. Champollion, « le dernier des
Égyptiens », comme dit Gérard Macé…

5

Usant d'une langue à lui, le poème a-t-il pour vocation de nous intégrer à quelque société secrète ?

Chaque poème invente une communauté perdue, ou impossible. « Je suis le ténébreux, – le veuf, – l'inconsolé, / Le prince d'Aquitaine à la tour abolie... » (Nerval) ; « Je suis comme le roi d'un pays pluvieux » (Baudelaire) ; « Je suis le souverain d'Égypte » (Apollinaire) : *je* est solitaire et nombreux dans le poème. Sujet isolé, métonymique de tout un peuple – la définition même du prince. Nombreux de son appartenance à un peuple que la parole seule y constitue, et qu'elle absente du même mouvement. Car tel est le paradoxe de la langue défigurée : elle réduit ses usagers à un seul ; mais en même temps, l'altérité qu'elle indique est si radicale, si complète, que tout un peuple pourrait y nouer ses conversations. D'où cette solitude peuplée du poème, ou cette socialité désertée qui en détermine souvent la charge affective, soit dans le sens du lyrisme visionnaire (« J'ai rêvé la nuit verte... »), soit dans celui de la mélancolie exilique (« Je suis le ténébreux, – le veuf, – l'inconsolé ») : deux faces d'un même complexe.

Comment décrire ce complexe, qui fonde l'étrangeté du poème ? Un *je* conduit le discours, sans autre référent que la poussée de la langue vers son dehors. *Je suis... Je suis comme... J'ai rêvé...* Dès lors, un glissement commence, qui vide l'*ego* de son sens familier ; qui le réduit à un non-sens, terrain le plus propice à l'avènement d'un nouveau parler : l'*ego* désaffecté s'emplit de mots énigmatiques ou déchiquetés, de syntaxe troublée, d'éclats de phrases. Il devient le lieu d'un creusement où s'engouffre la langue – il faudrait dire : la langue-monde, et comprendre : la langue travaillée par le monde muet. Car voici ce qu'il nous reste à comprendre : que la communauté à laquelle la langue poétique donne corps soit en rapport avec ce mutisme des choses.

Lord Chandos, nous dit Hugo von Hofmannsthal, est un homme qui a déserté l'écriture poétique. Il s'en explique dans une lettre où il décrit cette perte apparente, mais où il évoque aussi une sorte de gain consécutif, mis en relation directe avec la poésie. Le voici errant dans l'une de ses fermes : « Il cherche parmi tous ces objets misérables et grossiers de la vie paysanne, celui, posé ou appuyé et n'attirant point l'œil, dont la forme insignifiante, dont la nature muette peut devenir la source de ce ravissement énigmatique, silencieux, sans limite » (1980 : 49). Ce qu'il a *gagné*, c'est littéralement le dehors de la langue : un lieu où les choses se mettent à lui parler directement. Un dehors évidemment habité, mais comme en creux, par les traces qu'a laissées sur les choses une population active. Ces indices à peine perceptibles (*n'attirant point l'œil*) se comportent *comme* une langue : ils parlent d'une vie (*la vie paysanne*), mais à leur manière objectale, engagés qu'ils sont dans les replis de la matière, donc *insignifiants* et *muets*. La sorte de ravissement qu'ils procurent résume ce pouvoir, et décrit du même coup l'horizon idéal de toute écriture poétique : *énigmatique, silencieuse* et *sans limite*. L'infinitude – à entendre ici non comme l'accès possible à un infini, mais plutôt comme la libération d'une énergie expansive – n'a lieu qu'à condition d'énigme et de silence. *Énigme*, ou en-deçà du sens ; ce moment où, d'une collection d'objets et de prédicats accolés (*misérables et grossiers*), jaillit la merveille, reconnaissable à ceci que précisément elle n'est dotée d'aucune qualification (*insignifiante*) ; que proprement, *elle ne veut rien dire*. De l'univers saturé de significations, se détache l'in-signifiant, dont le mode d'être est le silence. Comme l'étranger de Baudelaire, Chandos pourrait s'écrier : « J'aime les nuages, les merveilleux nuages... »

Toutefois, la merveille – autre nom de l'étrangeté – ne vit pas seule. Que serait-elle, sans cette compagnie des « objets misérables » parmi lesquels elle se fond, et avec lesquels elle entretient une sorte de communauté si étroite, si familière qu'en chacun elle est prête à réveiller une semblable qualité d'énigme et de silence ? Elle est comme le Hamlet du royaume pluvieux de Baudelaire (Hamlet qui, lui aussi, a renoncé à la poésie) ; comme le veuf de Nerval ou le pharaon d'Apollinaire : le témoin isolé d'une communauté à réinventer. La communauté des muets, des insignifiants : celle qui nous lie hors du langage, par exemple, dans la communion du corps et, à partir de là, dans le savoir innommable de la peau, de l'épaisseur : *des* sens. Si cette parenté touche en nous à la profondeur du silence, on comprend qu'elle doive faire, par prédilection, l'expérience des choses muettes ; et qu'en retour, cette expérience soit aussi celle d'un vivre-ensemble.

Il en va donc, dans toute aventure vraiment poétique, d'un trajet qui nous replonge d'abord au cœur de la taciturnité du monde pour faire émerger de nous, ensuite, un lien taciturne avec tout Autre. Pour *instaurer avec autrui, à partir du langage, une relation qui englobe le monde.*

II

LIRE UN POÈME

6 *Peut-on décrire un poème ?*

Comment prétendre à comprendre ce qu'on ne serait pas en mesure de décrire ? Comment espérer concevoir ce qui n'a pas été préalablement énoncé ? Pour accéder à l'interprétation, il faut d'abord que l'objet à interpréter donne prise, un tant soit peu, au langage. Bernard Sève, partant du même constat à propos de la musique, évoque pertinemment le point de vue des archéologues : « décrire c'est, pour l'archéologue et pour l'historien d'art, mettre en mots un objet qui n'est pas de langage : la description est verbalisation » (P.-Y. Balut, cité par Bernard Sève, 2002 : 17). La poésie, cependant, objet de langage par excellence, semble imposer moins nettement qu'on en passe par sa description : ne sait-on reconnaître immédiatement un poème ? Et ces opérateurs de la reconnaissance, ne nous sont-ils pas clairement révélés par les mots du poème lui-même, leur choix (*coursier* plutôt que *cheval*), leur disposition spatiale et leur mesure rythmique ?

On se contenterait de la réponse si notre idée de la poésie n'allait pas au-delà de ces quelques déterminations : un objet aussi faiblement différencié n'exigerait pas de nous une bien grande conscience de ses différences. Mais il n'en va pas ainsi, nous le savons bien. Et rien de ce que la langue du poème peut nous livrer de prime abord ne nous aidera, en vérité, à commencer seulement la description de ce qu'est, pour nous, *ce* fait poétique. Comme le dit Michel Deguy, « chacun sait que ce qu'il y a "d'incompréhensible" dans tout poème [...] c'est la poésie, c'est-à-dire qu'il y ait de la poésie [...] ; le à-comprendre, c'est-à-dire l'incompréhensible, c'est que le tout de la poésie (ce qu'elle est) s'est joué et se joue dans (et de) ce poème » (1973 : 71). La question de la description se déplace donc ainsi : décrire un poème, c'est mettre en mots le passage de ce que nous y nommons « poésie ». Ce passage étant précisément ce qui n'est contenu dans aucun mot particulier (puisqu'aucun mot ne peut en lui-même revendiquer une qualité poétique), la description concerne bien autre chose que la masse verbale du poème. Quoi ? Quelque objet situé hors des mots, mais que les mots induisent. À simplement énumérer toutes les situations possibles de ce *hors*, on passerait en revue l'histoire même des théories de la poésie : les diverses manières qu'ont eues les lectures collectives d'approcher l'incompréhensible dans le poème. Ce *hors* peut désigner un au-delà, et c'est ce qu'il fit longtemps. Michel Deguy, toujours, parlant de Du Bellay : « Il se peut que selon les représentations pré-modernes [...], la poésie elle-même ne soit pas prise comme terme dernier, autonome, "pour elle-même", mais pour un langage chiffré de ce qui est plus important qu'elle, soit le "salut de l'âme", l'ascension mystique » (1973 : 75). Voyez encore la position de Reverdy, si proche de Novalis, dans la querelle qui l'oppose à Breton et à Ponge (« Le sens poétique, inné chez l'homme, a même certainement été la source de toutes les religions » ; voir Ponge, 1961 : 290-293). Ailleurs, le *hors* (le *hors-là*) de la poésie se ramènera à un *avant* du poème, dans ce rapport génétique qui présentera la poésie comme l'antécédence du texte lu, sa source ou son origine. Ailleurs encore, à un *entre* ou un *parmi* décrivant l'immanence quasi musicale du signifié poétique au signifiant poème (la fameuse « musique des mots »). Enfin à un *en-nous*, renvoyant le fait de poésie à une disposition psychique du lecteur.

Histoire... ou anthropologie, qui nous avertit au moins de ceci : que toutes les descriptions de ce que nous cherchons à saisir sont à la fois partielles et datées. Partielles, puisque référées à une histoire de cet absolu, la Poésie. Datées, dans la mesure où l'absolu, comme l'infini, comme toutes les formes d'idéalité, appartient à une histoire. Ainsi, ne prétendons pas à plus que nous ne pouvons atteindre. *Poésie* ne désigne peut-être pas autre chose, après tout, que cette variabilité de l'innommable, ou de l'incompréhensible, en quoi les sociétés trouvent à forcer leur langue, à éprouver ses limites et celles du monde qu'elle fait advenir.

Cependant, nous n'avons pas en vue la définition du poème, mais sa description. On peut parfaitement rendre compte de la présence d'un objet indéfini, ou indéfinissable, ou illimité, comme le ciel, un pressentiment, ou l'autorité. Philippe Jaccottet parle de ces poètes philosophes de la Grèce présocratique, chez qui « les choses visibles sont à la fois si présentes et si chargées d'illimité » (1968 : 305). On ne peut pas, en revanche, interpréter un objet indescriptible, sans doute parce que la description n'est que le degré zéro de l'herméneutique (voir Michel Charles, 1977 : 17, Remarque I). Il s'agit donc de produire le paradigme auquel référer tout nouveau texte suspecté d'appartenir à la classe des poèmes, pour vérifier cette appartenance.

Un tel soupçon naît de quelques signes enveloppant le texte sur cette périphérie qu'on a nommée son péritexte. Tout un ensemble de déterminations qui, du discours scolaire à la marque éditoriale en passant par le commentaire journalistique, prédisposent l'écrit, l'*exposent* en poésie. On aura garde de ne pas sous-estimer ces traits : ils donnent au poème sa visibilité, et jusqu'à une existence collective. En un sens, ils décrivent l'espace de son apparition, son aire d'objectivité. *Les Chants de Maldoror* appartiennent à cette aire *parce qu'*on les lit dans une collection dénommée « Poésie ». L'école, de son côté, nous a appris à considérer *Paroles* de Prévert comme un livre de poèmes, et les journaux à penser que telle publication, récente et mal identifiable, entrait dans la même catégorie. Pourtant, quel crédit accorder à ces conformismes institutionnels ? La même école nous a également appris à ignorer les poèmes de Celan. Pour puissante qu'elle soit, la détermination du péritexte ne saurait satisfaire notre ambition descriptive.

Reprenons donc. *Poème* parle d'abord de la venue de la poésie – de son passage entre (dans, au-delà...) des mots, disions-nous. C'est en termes d'approche que nous le décrirons. Mais là aussi réside la difficulté : qu'aucune chance n'existe de saisir le poème pour qui ne fait porter l'effort de langue sur le phénomène d'approximation qu'il incarne. Il y a deux manières d'envisager l'approximation. L'une tend vers l'imprécis, le vague, le nébuleux, et elle gouverne toute une prestigieuse lignée esthétique : celle du je-ne-saisquoi, du vaporeux lamartinien, de l'impair et de l'imprécis verlainiens et, plus largement, celle de la métonymie (je désigne A par A', son proche). L'autre manière est plus dynamique. Elle retient du mot *approximation* ses parentés avec l'approche ; ses figures se rattachent à une mimésis active, à l'opération de rapprochement, à la métaphore. Son champ esthétique est celui de la semblance construite, de l'image surréaliste, du « beau comme » maldororien, ou encore du bégaiement productif pratiqué par Gherasim Luca dans ce poème du *Chant de la carpe*, intitulé « Passionnément » :

> pas pas paspaspas pas
> pasppas ppas pas paspas
> le pas pas le faux pas le pas
> paspaspas le pas le mau
> le mauve le mauvais pas
> paspas pas le pas le papa
> le mauvais papa le mauve le pas [...]

(1973 : 87)

Ce second sens de l'approximation dessine plus nettement le contour spécifique du poème, comme décision analogique, comme machine à *approximer*. Mais pourquoi cette approximation ? Afin d'approcher quoi ? Et selon quelles procédures ?

Dans la hiérarchie des figures lexicales, Aristote place au plus haut la métaphore ; si haut qu'il en fait la marque du talent singulier du poète : « le plus important de beaucoup, c'est de savoir faire les métaphores, dit-il ; car cela seul ne peut être repris d'un autre, et c'est le signe d'une nature bien douée » (1980 : 117). « La métaphore, ajoute-t-il, est l'application d'un nom impropre » (1980 : 107) selon quatre possibilités de transfert entre les genres et les espèces des choses. Or, si le lexique exige un tel déplacement, c'est parce que la convenance du signe à la chose n'est ni définitive, ni absolue : « il y a de l'innommé dans le nom de chaque chose, puisqu'un autre nom peut parfois se révéler mieux approprié, commente Laurent Jenny [...]. Entre signes et choses, est donc ouvert un espace d'incertitude et de risque, qui constitue le champ de la *mimesis* » (1983 : 43). C'est le champ même du poème ; celui qu'il traverse et qu'il explore, selon l'ordre imprévisible d'un « tâtonnement perceptif ». Ce champ ne saurait être ramené au lieu où s'exerce une figure dominante. La métaphore révèle ici un fait qui la dépasse, dont elle est seulement le témoin le plus flagrant : que le nom de la chose laisse la chose innommée. « La *mimesis* se produit dans l'écart entre ce sans-nom des choses et le nom où elles se retrouvent » (1983 : 44). L'approximation du poème porte donc sur cela qui, dans les mots reste innommé : c'est le sans-nom qu'il s'agit d'approcher.

On peut vérifier l'hypothèse à l'aide de quelques exemples empruntés à l'histoire récente de la poésie. Il a déjà été question, ici, de Lord Chandos. Le sans-nom du poème épouse chez lui le rêve d'une langue inconnue, « une langue dont pas un seul mot ne m'est connu, dit-il, une langue dans laquelle les choses muettes me parlent » (1992 : 51). Et de fait, la question de l'innommable ouvre bien souvent la voie à un double pressentiment : celui de l'incurie de l'idiome usuel, de ses moyens lexicaux en particulier ; et, à l'inverse, celui d'une langue inconnue, de l'*autre langue* conçue comme une réparation de la précédente. À la croisée de ces deux intuitions se situe le geste d'Eluard, franchissant, dans *Quelques-uns des mots qui jusqu'ici m'étaient mystérieusement interdits*, les limites de la langue sue pour retrouver, au-delà, « ces mots qui ne me menaient à rien / mots merveilleux comme les autres / [...] mots que j'écris ici contre toute évidence avec le grand souci de tout dire » (1968-1 : 715-718). Indice d'une langue autre et familière tout ensemble : Jean Tardieu entendait ainsi résonner en lui cette voix qui « ne s'exprimait pas en un langage connu. [Qui] avait le ton de la parole humaine mais ne ressemblait ni à ma propre voix, ni à celle des gens qui me connaissent » (2003 : 1413). En un sens plus radical, le sans-mot, ce sont aussi les glossolalies d'Artaud ou les bégaiements de Luca : non pas mutisme, ou silence (le silence est mystique) ou « page blanche » (frisson pour amateur...) ; mais *aphonie* (voyez *L'Aphonie de Hegel* de Mathieu Bénézet : « [...] l'autre langue fermait les volets / son usage étrange grammaire à la vérité collait mes lèvres et mes yeux [...] » ; 2000 : 46). Et Pascal Quignard, à propos du livre de poèmes : « Le livre entretient de muets, obscurs, matériels rapports avec la langue, et le silence de la langue » (1990 : 101).

Concluons donc sur ce paradoxe, essentiel pour la compréhension de notre objet : *toute invention de langue qui concourt à représenter l'aphonie de la langue décrit un poème.*

De quelle manière la lecture peut-elle nous rendre sensibles à l'aphonie de la langue ?

La lecture est en elle-même un acte aphonique. Quel que soit le texte, la langue y vient à la rencontre d'un œil ouvert et d'une bouche morte.

Partant de là, Pascal Quignard nous aide, en prosateur, à comprendre ce que peut être la lecture poétique : une façon d'explorer cette dissociation entre l'œil et la bouche, entre l'opération visuelle et l'opération orale : entre le langage et la communication. Voici ce qu'en dit superbement l'un des *Petits Traités* intitulé « Taciturio » :

> La voix dans le livre est retraite dans un désir de se taire, un taisir sans abord, sans proximité autre que celle, taciturne de part en part d'une distance due au silence. Le livre se retrait à partir d'un silence qui naît par contrecoup en lui aussitôt que la langue (non un souffle) s'est métamorphosée en lui, et il naît sous un ciel autre que celui où les voix sonnent, où le monde s'ébruite. Le livre est ce suppôt de contagion où le silence dans le visible gagne le visible à sa propre invisibilité, et (de même la vie veillant, terrifiée, sur la mort) témoigne du désir de se taire. (1990 : 99-100)

Le lecteur saura donc rejoindre cette voix, la désenfouir du livre pour y enfouir sa parole. Lire un poème n'est autre chose, d'abord, que le paroxysme de cette opération.

On se demande pourtant si cette page de Quignard ne repose pas sur l'oubli d'autres sortes de lecture – les plus courantes : celles qui, au contraire, nous tiennent dans le bruit de la langue, et du monde ; celles qui, malgré la distance de l'écrit, sonnent encore des mille paroles qui cherchent à y tenir le devant d'une sorte de scène point du tout retirée, et nullement située sous un autre ciel que celui des voix du monde. Tant cette évasion hors de la *glossosphère* exige de rares conditions. En vérité, la lecture quignardienne de la lecture ne prend sens et valeur que sur le fond de tout ce qui la nie dans l'usage. Mais, comme bien souvent chez cet auteur, les choses n'apparaissent si magnifiquement, si ontologiquement pures qu'autant qu'on a feint d'oublier l'air commun qui les baigne. Ce que peint cette évocation de la lecture, c'est un monde, en effet ; on dira même, la morale d'un monde qui aurait pour principe, précisément, le retrait du sujet hors du monde, ou son érémitisme.

Il faudrait, pour comprendre la lecture du poème, entendre un tel texte hors de cette morale ; le désaffubler du moi implicite – du moi romanesque – qui le hante. Le « livre » de Quignard est un *sujet* au sens de la philosophie, de la psychologie et de la morale. Sujet retiré, certes, mais incarnant et exhibant, aussi bien, un art de vivre, jusqu'à une forme de civilisation. Pour entrer dans la lecture du poème, il faut autre chose : une autre sorte de contrat plus radicale, aux termes duquel la voix entendue ne peut plus être exemplaire de rien, ne saurait plus rien revendiquer, ni plus rien *invoquer*. Il y a longtemps que la dissociation œil-bouche ne donne plus aux poèmes que des voix défaites, enrouées, balbutiantes ; des substituts pathétiques, pathologiques même, de voix absentes. Il importe de se persuader que le poème *ne chante pas*, pour accorder son œil à un tel éraillement. Qu'il déchante plutôt, ou désenchante le monde de toutes les sirènes qui l'engluent. Ainsi le pense Michel Deguy : « le poème, son avenir pour nous, est mouvement de décréance se soustrayant (s'arrachant) à la croyance ; un désenchantement plus puissant, plus ruineux, plus privant et ascétique que tout ce que l'usage ordinaire de désenchanter-déchanter-décanter signifie » (2000 : 33). S'il est en effet une morale qui préside à la lecture de tout poème, c'est bien celle qui nous invite à nous déprendre de toute croyance et, en premier lieu, de la croyance du sens, qui commande toutes les autres ; à envisager l'*idiotie* du monde, entendue selon l'acception que lui donne Clément Rosset : « Toute chose, toute personne sont ainsi idiotes dès lors qu'elles n'existent qu'en elles-mêmes, c'est-à-dire sont incapables d'apparaître autrement que là où elles sont et telles qu'elles sont : incapables donc, et en premier lieu, de se *refléter*, d'apparaître dans le double du miroir » (2004 : 42). Le sens est en effet un miroir tendu aux choses : elles s'y reflètent avec une si grande intensité, une si forte autorité, qu'elles en viennent à y perdre, pour ainsi dire, leur chosité. On voit bien que ce sens, administré par le langage, est fait aussi pour neutraliser leur pouvoir maléfique : cet enfermement muet qui nous inquiète, cette vie capricieuse, dénuée de toute prévisibilité, cette menace toujours près de fondre en orage, en coup de croc ou en chute de pierres. Aussi, le miroir du sens est-il essentiellement le garant d'une paix entre les choses et nos consciences tumultueuses. Rompre cet accord, troubler cette paix, n'est-ce pas tomber dans l'abîme d'une noirceur promise à la seule rémunération d'une mélancolie que personne n'envie ? Tout au contraire, le désenchantement poétique se révèle source de joie. Voici pourquoi.

En 1857, des lecteurs ont fait croire que les démons, les helminthes et autres « monstres glapissants » qui habitent l'avertissement « Au lecteur » des *Fleurs du mal*, les offusquaient. En réalité, la vigueur de leur réprobation serait mal explicable si, au fond, ce pandémonium intime, ils ne l'avaient reconnu délectable. Voilà qui méritait vraiment un procès ! « Hypocrites lecteurs », en effet, dont Baudelaire avait bien prévu, mieux, programmé la réaction... Elle ne le déçut pas, et elle était de joie. Quoi de plus réjouissant que cette théorie du mal ? Lautréamont a retenu la leçon, qui mine encore un peu plus le terrain, au seuil des *Chants de Maldoror* : « [...] âme timide, écrit-il, avant de pénétrer plus loin dans de pareilles landes inexplorées, dirige tes talons en arrière et non en avant » (1970 : 45). Il sait bien qu'en feignant de dégoûter, il allèche. Et qu'à cet instant, en somme, les créances du Bien et du Mal ont commencé à vaciller. Que dire encore d'Artaud, dans *Pour en finir avec le jugement de dieu* (« Là où ça sent la merde / ça sent l'être », 1974 : 39) ? Ou de Jouve, ouvrant *Sueur de sang* par ces vers :

> Les crachats sur l'asphalte m'ont toujours fait penser
> À la face imprimée au voile des saintes femmes.

Bien sûr, d'autres formes d'adhérence au sens peuvent être mises en cause par la lecture du poème. La transitivité des signes, par exemple, à laquelle Victor Segalen apporte un admirable démenti dans la préface de *Stèles* : « Ils dédaignent d'être lus [...]. Ils n'expriment pas ; ils signifient ; ils sont » (1995-2 : 37).

Or la lecture est elle-même, comme activité consacrée à l'édification du sens, un puissant nœud de croyances, qui vont de l'autorité d'une voix antérieure (celle de l'*auteur*), garante de la trace écrite, à l'existence passée d'un monde où cet écrit ait pu se constituer en vérité. C'est en somme la relativité de l'histoire, et à travers elle, la variabilité des positions du discours qui forment le fond de cette adhésion au texte. Pour lire, il faut et il suffit que j'entre dans cette foi : qu'un autre que moi a parlé ici ; et que sa voix a résonné dans un espace qui lui était *accordé* – fût-il l'espace de sa révolution ou de sa solitude. Cette croyance, jamais suspectée, conditionne le dialogue des textes entre eux, leur aptitude à communiquer d'une position à l'autre, d'un relatif à l'autre : leur capacité à former *littérature*. Car cette croyance est aussi la Parque qui décide de leur vie et de leur mort, d'aucuns s'abîmant dans leur particularisme local, d'autres tissant au contraire avec maintes positions-mondes inexplorées des liens actifs, fructueux et producteurs de nouveaux points de vue encore. Tout cela est bien.

Mais lorsque Rimbaud écrit :

> Ce soir, à Circeto des hautes glaces, grasse comme le poisson, et enluminée comme les dix mois de la nuit rouge... (*Illuminations*, « Dévotion »),

dans quel temps situer *ce* soir ? et qui, ce – ou cette – Circeto ? Bien des supputations ont été forgées autour de ce nom, les uns y entendant une réminiscence de Circé, d'autres, de la déesse phénicienne Dirceto, d'autres encore, de Ceto, fille de la Terre et de la Mer. Mais s'il s'agissait de celle-ci ou de celle-là, pourquoi avoir déguisé leur nom ? Les lectures érudites pèchent généralement par ce point aveugle : qu'on y saisit mal pourquoi un mot, ou une forme connaissable, est présenté par le poème dans un état inconnaissable. C'est Circeto qui interroge la lecture, non Circé, Ceto ou Dirceto. Circeto n'équivaut pas à ces trois noms connus : il est un inconnu. La question n'est donc nullement : pourquoi Circé, Dirceto ou Ceto ? Mais : pourquoi un nom inconnu ? Interrogation d'une autre portée ontologique, puisque la seule réponse possible serait : *parce que tel est le nom de ce qui n'a pas de nom*. Là où l'érudition répond par dyslexie afin d'entendre quelque chose *quand même*, il faut recentrer l'écoute sur le sans-nom et l'aphonie, dont on touche ici une pointe émergée (ses « hautes

glaces »). La glaciation du langage, sa pétrification désirable
– son mutisme, son aphonie – trouvent d'ailleurs chez Rimbaud
une expression récurrente et joyeuse, à travers le motif polaire :
les fleurs de rhétorique y deviennent « fleurs arctiques », dont il
est dit aussitôt qu'« elles n'existent pas » (voir, entre autres, dans
Illuminations, « Barbare » et « Dévotion »).

De tels textes exigent de nous une théorie de la lecture, au
sens où ils nous obligent à nous écouter lire. Poser une représentation, et immédiatement susurrer son inexistence (inexistence du
référent ? du signifié ?... on ne sait), c'est déconcerter en nous la
double créance d'une source de la parole (« Mais qui parle ? »
dirait André Frénaud), et d'un monde à elle accordé (« ce *chaos*
polaire », écrit Rimbaud ; je souligne). Cette déconcertation est un
principe positif de lecture. Disqualifiant nos représentations ordinaires, qui veulent que le lecteur importe dans le texte sa théorie
du sens (réduite en gros, d'ailleurs, à une méthode d'appropriation) et l'usage propriocentré de la lecture qui en découle, elle des-
titue en nous ce possesseur des significations. Errant parmi les
signes comme un dépossédé, ou plutôt comme un possédé, chacun
n'aura plus qu'à se laisser porter par eux, qu'à se laisser flotter (à
quelques pas de l'écoute flottante pratiquée ailleurs) et à défricher
ainsi un chemin de lecture chaque fois inexploré. Michel Charles,
partant une fois encore des *Chants de Maldoror*, décrit exactement
cette façon d'*être lu* par les poèmes : « le lecteur se trouve devant
une alternative : ou bien il "résiste" et préserve soigneusement,
jalousement, *son* mode de lecture [...] ; ou bien il "se laisse faire",
se laisse lire, donc lit vraiment » (1977 : 24). Entendons là, en
retour, que les exégètes prompts à lire *Dirceto* à la place de *Circeto*
nommaient ce qu'ils croyaient « être le sens *du livre* ; illusion de
l'objectivité, ajoute Michel Charles, s'il se trouve que le sens du
livre est en fait importé [par eux] dans le livre ». Écouter *Circeto*,
se laisser porter par le mot, c'est s'obliger au contraire à « inventer
un métalangage spécifique » ; à marquer donc « fortement l'activité transformante du livre » (1977 : 25).

La lecture orale peut-elle ouvrir une voie à la compréhension ?

Si le poème explore une dissociation entre l'œil et la bouche, il ne peut admettre la lecture orale. Une telle pratique travaille en effet à souder toujours plus les collaborations sensorielles : du côté du lecteur, entre l'œil et la bouche ; du côté de l'auditeur, entre l'œil et l'oreille.

Elle se prévaut pourtant d'une longue histoire, à laquelle l'avènement de la lecture muette est loin d'avoir mis fin. Balzac narre et commente longuement, dans *Illusions perdues*, une mémorable scène de lecture poétique (*Illusions perdues*, première partie, « Les deux poètes »). Mallarmé rêve encore l'existence de son livre comme une mise en scène où le récitant choisit les feuillets dans un ordre prémédité, pour les lire devant un public choisi. Les surréalistes, Breton en tête, ont revivifié le *happening* poétique en l'épiçant d'inconscient et d'improvisation. La même affaire se partage aujourd'hui entre les lectures publiques, directes ou radiophoniques, et les performances menées sous l'enseigne d'une florissante « poésie sonore ». Certains voient là, tout bonnement, le signe d'une reviviscence de la poésie après une période d'étouffement historique. « Retrouver le plaisir de dire, s'autoriser la jubilation d'un bouche-à-oreille public, accueillir l'énergie d'une parole neuve et, en conscience, vraie, voilà qui prit l'allure d'une sorte de reconquête. [...] Quelque chose comme le retour de la vie prodigue dans la poésie » (André Velter, 1999 : 9). Mais comment la pratique orale s'accorde-t-elle à l'essentielle *aphonie* du poème ? Reprenons cette question à son origine... moderne.

Jean-Pierre Martin rappelle, dans son stimulant essai *La Bande sonore*, que Charles Cros, poète et inventeur de la première machine à enregistrer les sons, fut aussi surveillant à l'institution des sourds-muets (1998 : 51). Il tire de cette destinée une remarque qui vaut aussi, et plus spécialement peut-être, pour la poésie : « L'invention de la voix enregistrée transforme les rapports entre Écrit et Voix. Reproduisant la sensation de la voix, les machines parlantes font sans doute perdre un peu de son prestige au mythe des voix transcendantes. Elles défigurent l'horizon de la voix » (1998 : 53). Désormais, donc, il s'agira moins de savoir traduire (reproduire, enregistrer) les voix célestes ou les voix intérieures, que de *savoir entendre* tout ce qui justement n'appartient pas au règne de la phonosphère. Savoir entendre : par exemple, chez Michaux, celle qui « chante, celle qui ne veut pas hurler. Elle chante, car elle est fière. Mais il faut savoir l'entendre. Tel est son chant, hurlant profondément dans le silence » (2001 : 206). Hurlement *dans* le silence ; ou plutôt, hurlement *en* silence, hurlement *de* silence, silence hurlant – on ne sait – dont seules l'écriture et sa muette procession peuvent donner une idée. Sachons *entendre* le poème écrit, semble nous dire Michaux ; et avec lui le mythe, ou l'utopie de son répondant vocal, qu'une tradition invétérée y a déposée. L'exploration du « monde muet », pour reprendre l'expression fameuse de Ponge, n'est pas seulement un déplacement d'attention. C'est d'abord la reconnaissance d'une condition de l'écrit, où le poème est invité à se dépouiller de son antique plumage sonore, d'où il ressort comme un fou sans marotte.

> Ombre de Virgile devenue voix de Virgile
> Voix de muse devenue désir et obéissance
> Je te suis écoutant la plainte donnant voix à l'enfer fraternel Je
> t'écoute ta voix décapitée attentif au silence continu sous le treillis
> pareil au vengeur qui canne la vengeance (1973 : 41)

écrit Michel Deguy, dans un poème de *Ouï dire*. Nulle autre voix, donc, que décapitée, ne conduira le poème.

Mais ce *je* de l'écoute, ce personnel désormais si fréquent chargé, par autoréflexion, de thématiser la figure du poète à l'ouvrage, il engage également, dans ses replis métonymiques, la position prochaine du lecteur. Car lui aussi dit : j'écoute. Lui aussi, à travers la page, il tente de percevoir une voix. Notre relation au poème, dans l'acte de lecture, a ceci de paradoxal qu'ayant pris acte de la mort des *invocations*, nous en sommes venus à envisager la matière écrite comme un objet d'écoute : une écoute qui passerait par l'œil. « La poésie est pour un œil-oreille », dit Jacques Roubaud (1995 : 126). Loin que l'attention aux choses muettes ait accru, pour le lecteur, le silence de la page, elle a plutôt accrédité sa valeur vocale. Valeur d'ailleurs complexe, qui confond trois réalités distinctes : d'une part, la *voix-oreille* de l'auteur (comment le poète s'est-il lui-même entendu dire son poème ?) ; d'autre part, la *voix écrite* du poème, c'est-à-dire les prescriptions vocales (effets rythmiques, échos phonétiques, liaisons et ruptures...) qu'il contient ; enfin, sa *voix vocalisée*, autrement dit telle ou telle de ses réalisations sonores. Des trois, la première est *a priori* la moins clairement impliquée dans la lecture. Quel lecteur saurait pourtant se défendre de *lire* différemment *La Sorcière de Rome* une fois qu'il a entendu l'accent rocailleux de Frénaud ? Les machines sonores ont, là aussi, modifié notre représentation du poème.

Cette triple acception du mot « voix » ne va pas sans malentendus. Le plus fréquent concerne l'écrasement des sens un et deux sous le sens trois : la confiscation de la voix-oreille et de la voix écrite au profit de la réalisation sonore. Il est troublant de constater qu'au moment même où a lieu la *décapitation de la voix* dans le poème écrit, se développent les expériences de la poésie dite sonore. Récitations publiques, performances, accompagnées d'accessoires ou non, enregistrements, mises en espace : tandis que le poème ici fait la sourde oreille, là il donne de la voix. On ne peut s'empêcher de voir dans cette concomitance une forme de compensation : une revanche manifeste de la vocalité, rendue possible (nécessaire aux yeux et aux oreilles de certains) par la désertion qu'on vient de dire. Cette revanche, dont les premiers acteurs doivent autant à des expérimentations musicales qu'à la tradition poétique, s'appuie néanmoins sur une théorie assez globale de la libération qui tend à discréditer toute forme de fixité écrite. Voix s'y confond avec Vie (« La poésie n'existe que par la Vie et sa Voix » écrit Henri Chopin ; 2001 : 10). Inversement, la page devient un « linceul », un « écrin de silence fasciné », un « écran de narcissisme mystifié », un « autel aux icônes d'un culte poussiéreux », un « repli à l'écart du monde » (Bobillot, 1996 : 79). La prosodie, la métrique « qui ont été soumises l'une et l'autre à des lois rigoureuses au travers de la métrique des alexandrins et autres formes classiques » : des *voix artificielles* (Chopin, 2001 : 22). Ce « refus agressif du texte » (Sachsse, 1992 : 68) participe bien sûr d'un mouvement assez général dans l'art du XXe siècle. Il a pourtant une conséquence directe sur les conditions de réception et de compréhension du poème – ou, plus globalement, sur la représentation implicite de ce qui se passe là, dans la rencontre de la langue et de ses usagers : cette promotion de la voix-action au détriment de la voix écrite crée un effet d'assignation. La poésie sonore assigne le poète à un rôle de performeur ; elle assigne le lecteur à un rôle d'auditeur ; enfin, elle assigne le texte au statut éphémère que lui confère telle réalisation sonore particulière, datée et située.

Pas sûr, dans ces conditions, que le surgissement réjouissant du corps dans le poème n'aille pas à l'encontre d'une « libération » des procédures de signification. Car la page écrite ne s'apparenterait à un linceul, à un écrin ou à un écran que pour qui ne saurait y *lire*. Dans son essence, elle est au contraire instrument de désassignation ; le lieu où celui qui lit devient aussi celui qui écrit ; qui écoute devient qui parle, et réciproquement. Cette indécision des positions est la marque d'une hospitalité du texte, à propos de laquelle il faudrait relire certaines pages du *De la grammatologie* de Jacques Derrida (Derrida revient plus d'une fois sur cette idée de « la voix qui garde le silence »). Il nous aiderait ici, en des termes qui nous sont désormais familiers, à mieux comprendre ce qu'est l'écrit du poème : traduction d'une voix, certes, mais de cette « voix de l'être » qui reste « silencieuse, muette, insonore, sans mot, originairement a-phone » (1967 : 36). Cette mobilité des placements, ce flottement des limites fonctionnelles sont garants de sa liberté, c'est-à-dire de son profond pouvoir de libération, voire de subversion à l'égard du sens. « *Qui gémit ? Qui conspire ? Qui retient les torrents ?* », en effet (Frénaud, 1973 : 37). Cette question, le poème la laissera ouverte. Cette ouverture même est l'espace de son avènement. Espace plein non pas d'une voix, mais plus subtilement, plus librement, plus dramatiquement d'un gémissement sans voix. Or, pour comprendre cet oxymore, il faut distinguer, avec Henri Meschonnic, le *sonore* de l'*oralité*, *les effets de voix* et *une voix comme intime extérieur* (2001 : 134). Faire la part, comme y invite Jacques Roubaud, entre « la composante *orale*, externe et une composante *aurale*, interne » (1995 : 127). La *voix* du poème n'est pas ici, ou là ; elle est dans le passage, le transfert, la métaphore de l'une à l'autre. La phonation n'accomplit pas le tout de cette voix-là : elle n'en est qu'une image ; le silence du *qui gémit ?* ne l'épuise pas non plus : il n'est que la préfiguration du son avenir. Car tel est sans doute l'exact statut de la voix dans le poème : la persistance vocale des morts (*qui gémit ?*) au cœur de la rumination des vivants.

9 Décoder, déchiffrer, lire : quelles différences entre ces approches herméneutiques appliquées au poème ?

La lecture se situe dans un ensemble d'activités qui la débordent de tous côtés, et dont elle est à la fois un exemple et un modèle : activités herméneutiques, qui ont toutes pour fin de faire advenir le sens dans des objets ordonnés à cet avènement. L'une des questions qui traverseront tout notre cheminement pourra se résumer ainsi : *le poème est-il un objet ordonné à l'avènement du sens ?* Question qu'on peut à son tour diviser en deux questions préalables : *qu'est-ce qu'un sens ?* et : *qu'est-ce que faire advenir un sens ?*

Qu'est-ce que le sens ? Bien sûr, il fallait qu'à un moment ou à un autre, notre parcours rencontre cette interrogation intimidante. La faire intervenir à propos de la lecture signifie que nous l'envisagerons ici pour autant seulement qu'elle concerne notre sujet ; que nous l'entendrons comme une variation sur le thème plus général de la question du lire.

Le premier effet d'un énoncé, quel qu'il soit, c'est son entrée ou non dans la catégorie du sens. On peut ensuite l'estimer vrai, faux ou discutable, élégant ou malhabile, banal ou singulier : toutes ces considérations, qui nous occupent sans répit, sont soumises au clivage préalable entre sens et non-sens. Or nous savons assez bien reconnaître le non-sens. Il est, s'il s'agit d'un énoncé linguistique, la manifestation d'une langue perçue comme étrangère ; mais aussi bien, dans le cas d'une œuvre musicale ou d'une action politique, par exemple, il se déduit de notre incapacité à articuler le chant ou l'action à un système susceptible de l'accueillir et de l'y faire jouer comme partie d'un tout. C'est bien sûr l'existence de ces totalités qui reste le plus problématique : langues, codes, systèmes divers qui, la plupart du temps, ne font l'objet d'aucune grammaire, et sont cependant susceptibles de provoquer des consensus. Mais si l'on s'en tient à cette simple observation structurale, le sens désignera clairement, par retour, l'articulation d'un élément nouveau dans un système organique et, par conséquent, son partage possible avec tous les usagers du système.

Le sens n'est donc pas réductible à un énoncé. Il est le mouvement de l'énoncé vers la langue qu'il mobilise, et qui l'accueille. En quoi il reste informulable. Je peux répéter un énoncé ; la manière dont la seconde formulation éclairera la première dépasse l'une et l'autre à la fois, dans un effet qui n'est pas de l'ordre de la stabilité, de la forme, mais de la saisie.

Un sens est en effet *saisi*. Non seulement parce qu'il provoque, chez celui qui le perçoit, une sorte de décharge, ou de commotion brusque dite *saisissement*, mais aussi parce qu'il est le résultat d'une *saisie* au vol, d'un mouvement de prise, le temps de sa venue présentant au fond plus d'un trait commun avec celui de la chasse.

Mais qu'est-ce qui est alors saisi ? En réalité, si le sens est irréductible à une formule, ce n'est pas seulement en raison de sa mobilité ; c'est aussi que le à-saisir du sens s'articule à plusieurs « langues » à la fois ; on dirait même, dans certains cas, à une infinité de « langues », au point qu'alors l'énoncé paraît créer de toutes pièces les systèmes dans lesquels il fait sens. Sont alors saisis des échanges, des circulations à travers des réseaux plus ou moins vastes d'objets qui se mettent à vibrer de résonances continues, jusque-là insoupçonnées. C'est évident pour la peinture.

Vers 1870, Cézanne peint *La Pendule noire*, une nature morte dominée par l'œil béant d'une pendule dépourvue d'aiguilles. Ce détail retire à l'objet sa fonction et son sens dans une perspective réaliste (on sait que la pendule a appartenu à Zola). Il l'entraîne vers un autre horizon, où il semble soudain que le regard blanc du cadran réordonne toute la nature morte, la fait consister dans une perception tangible, matérielle, éprouvée ailleurs sur la toile, à l'épaisseur d'une nappe comme à la bouche luisante d'un coquillage : celle du temps qui ne passe pas. L'œil aveugle de la pendule invente le système de compréhension du tableau dans lequel chaque objet représenté, mais également chaque tache de couleur, viennent battre contre la falaise du temps immobilisé. Toute la méditation de Bergotte, attaché au petit pan de mur jaune de la *Vue de Delft* « comme un enfant à un papillon jaune qu'*il veut saisir* », écrit Proust (je souligne), n'est rien d'autre que le saisissement d'un esprit découvrant qu'un signe est capable d'inventer ainsi son propre système – un système dont il est fatalement, pour l'heure, l'unique et infime témoin, mais si puissant, si souverain qu'il s'impose avec plus de force même que celui dont le spectateur est, en l'occurrence, l'ordonnateur : « "C'est ainsi que j'aurais dû écrire, disait-il" [...] Dans une céleste balance lui apparaissait, chargeant l'un des plateaux, sa propre vie, tandis que l'autre contenait le petit pan de mur si bien peint en jaune » (1954 : 187).

Ces exemples sont représentatifs de l'expérience esthétique, au cœur de laquelle se construisent de semblables édifices harmoniques : édifices d'autant plus riches symboliquement que leur langue se réduit à un hapax. Il faudrait pouvoir lire un poème comme on se laisse absorber dans le temps nul de la pendule de Cézanne, comme on cherche à saisir le papillon fuyant du pan de mur jaune. Mais sa langue trop bien connue nous en empêche. Aveuglés par notre usage des signes linguistiques, nous travaillons encore à son décodage, soucieux de faire surgir le sens que nous y pensons chiffré. Car la croyance du code est monologique : elle s'en remet à l'idée paisible de l'unique sens ; elle est inséparable du concept de message. L'écriture poétique, regrettant, comme disait Gertrude Stein, que les noms soient « malheureusement si complètement malheureusement les noms de quelque chose » (Jean-Claude Pinson, 2002 : 61), travaille d'abord à défaire ce monologisme, à suspendre le sens, à couper son flux. La coupe, le vers, n'ont pas d'autre raison que de prendre part à ce travail en quoi Hölderlin voyait également la justification de la césure « c'est-à-dire la parole pure, l'interruption antirythmique, qui s'oppose, au point culminant, à la suite et au charme des représentations, afin que devienne manifeste, au lieu de leur alternance, la représentation elle-même » (voir Agamben, 1998 : 27). Ainsi, lire des vers, c'est avoir accès au fait de la représentation : non plus à son pouvoir d'identification, mais à sa forme.

La critique littéraire, l'école nous ont appris à ériger en principe de lecture, face au poème, cette attention à la forme. Et lorsqu'on demande à Jacques Roubaud ce que *veut dire* la poésie, il répond « kekchose », ou plus explicitement : un « sens formel » (1995 : 78), expression qui n'est pas sans rappeler la définition de toute œuvre d'art proposée autrefois par Boris de Schloezer en préambule à sa réflexion sur Bach : « un objet dont l'unité est à la fois la forme et le sens ; ou encore : un objet dont la forme s'identifie au contenu » (1947 : 108). Le poème appartient en effet à cette catégorie de réalités dont le sens n'est pas à chercher d'abord du côté d'une transcendance, mais dans cette immanence de la forme. Si je lis ce vers de Baudelaire, extrait de « À une Malabaraise » :

> Ta tâche est [...]
> D'acheter au bazar ananas et bananes... (1975 : 174)

mon attention est d'emblée attirée par l'assonance en [a]. Oubliant la réalité qui m'est présentée, je garde en bouche ces grands [a] que le poème y a mis ; et pour un instant, cette plénitude constitue tout le « sens » du vers. Non sans que toutefois je perçoive assez vite une parenté entre cette sensation phonétique et le sens dénoté : la chair de l'unique voyelle est aussi celle des fruits évoqués. Ainsi une relation se tisse-t-elle entre la forme de l'énoncé et sa signification. Quelque chose vibre entre deux perceptions qui n'ont rien de commun : l'image sonore d'une voyelle, d'une part, et l'image visuelle d'un marché regorgeant de fruits exotiques, d'autre part.

On mesure, sur cet exemple, l'ambiguïté de la notion de forme appliquée au poème. Appartient à la forme la scansion de la voyelle ; mais tout aussi bien la scène esquissée et, isolément, l'image des fruits. Or cette image ne participe à l'économie d'aucun message particulier : dans le choix des objets, la faim, ou la gourmandise, ou l'agriculture locale, ou le cycle des saisons entrent moins qu'un assez obscur tropisme pour le ressassement phonétique. On dira donc que le sens dénoté est à la fois présent *et* destitué ; qu'il est présenté non pour sa fonction sémantique, mais en raison de sa valeur esthétique. La particularité du poème est là : dans l'opération formelle à laquelle il nous initie, le sens dénoté entre comme une matière objective, observable et malléable. Le poème fait du sens avec du sens. Ou, pour le dire autrement : *sa forme met en forme le sens du sens.*

Cet engagement de la forme dans le sens et, inversement, de l'activité sémantique dans la construction formelle n'est pas sans conséquence sur le sens second ainsi obtenu. Déconnecté de toute relation référentielle, il conserve néanmoins en lui l'horizon de la parole et de l'échange ; il maintient le bruissement *phatique* des mots ; et cette persistance de leur « bruit de source », comme dit

Heidegger (1976 : 14), n'est autre que l'horizon de l'existence. En une page où il s'interroge sur l'aptitude de la poésie à la pensée, Jean-Claude Pinson note :

> Même retenu dans et par la forme, même au degré le plus bas de son rapport référentiel aux choses et au monde, même au plus loin de tout réalisme, le sens, pour être appréhendé encore comme un sens (fût-ce sens dénié comme tel), demeure, en son suspens lui-même, indissociable de l'horizon de l'existence, de l'être-au-monde. (2002 : 65)

Si bien qu'à la seconde question posée initialement (*qu'est-ce que faire advenir un sens ?*), nous sommes désormais en mesure de répondre. Le poème *produit* bel et bien du sens, comme on dit que la turbine produit de l'électricité, ou une entreprise, des bénéfices. Mais cette conversion énergétique n'irrigue rien, ne déclenche aucune activité, aucune circulation (d'où la réputation de vanité attachée à la lecture de la poésie). Suspendue dans sa pure manifestation, détachée de toute effectivité, elle nous introduit à la face cachée du sens – celle sans laquelle le procès des significations, et avec lui, sachons-le, la production de l'électricité et des bénéfices, ne seraient même pas pensables : « elle explore [...], comme le fait Celan lui-même, les modalités de notre "être-au-sens" (comme on parle d'un être au monde) qui n'a pas de sens » (Pinson, 2002 : 66). Dans ce non-sens, on aurait tort d'entendre un thème nihiliste. Il participe au contraire d'un éveil. Car ce *nowhere* est une surprise : l'existence, dit Jean-Luc Nancy, « est (la surprise du) sens, sans autre signification » ; (1993 : 195). Il désarme en nous les vecteurs de la signification pour déployer, à leur place, ce que Rilke nomma simplement *l'ouvert*, et qu'avant lui Baudelaire peignit à maintes reprises dans le regard des bohémiens et des saltimbanques :

> La tribu prophétique aux prunelles ardentes
> Hier s'est mise en route... (1975 : 18)

Le secret de cet *en route* (expression également rimbaldienne), c'est qu'il est dépourvu de toute destination : un *en aller*, une aventure, un avenir taillé dans le futur qui n'en contient *a priori* aucun. L'enfant curieux des « Vocations » (*Petits Poèmes en prose*, XXXI) voudrait suivre les musiciens qu'il admire, comme on part à la quête d'un sens. Mais c'est pour comprendre, au bord de la forêt, *qu'ils ne demeurent nulle part.*

10 Est-il diverses manières d'aborder la lecture d'un même poème ?

De tout ce qui précède découle presque naturellement le terme, peu théorique il est vrai, de *disponibilité*. À l'occasion, fut évoquée l'idée d'une écoute flottante, d'une attention désinvestie. C'était dire que la lecture du poème se veut avant tout *disponible* à l'éventuel. Pourtant, le mot ne manque pas d'ambiguïté. S'il signifie pure passivité, attente vide face au texte, comment le sujet pourrait-il, dans ces conditions, se déprendre de l'entraînement ordinaire des significations ? Comment saurait-il rompre le flux des représentations ? Disponibles, nous le sommes tous malgré nous devant les images dont nous abreuve le monde médiatique, par exemple : disposés à les recevoir, acquiesçant à ce torrent, y étanchant une soif suscitée par le flot même, dans un effet de puits sans fond où chacun joue, plus ou moins consciemment, le drame de sa liberté. Mais, à l'égard du poème, c'est une autre disponibilité que nous devons concevoir. Là aussi, bien sûr, il importe d'être prêt à tout voir et à tout entendre. La difficulté n'est pas dans ce quitus donné tous azimuts, ce *united colours* en quoi l'homme disponible se distingue bien peu de l'indifférent. Elle tient à l'usage nécessairement actif de cette disponibilité : la conversion du laisser-agir en un accueil, qui réserve au poème une telle place dans la langue que cette dernière en soit transformée. Cette qualité de lecture renvoie à la fois à un retrait (un silence, une suspension, un sommeil, pour reprendre le vocabulaire de Pascal Quignard ; 1976 : 40) et à une action, à une rétroaction sur la langue même, qui se trouve reconsidérée, ré-envisagée ou re-figurée (reconfigurée) par ce retrait.

Pour admettre un effet aussi vaste, il faut penser la langue moins comme un corpus d'objets que comme un angle de vue, ou le prisme très partiel d'un outil qui n'existerait jamais autrement que dans ses usages, qui ne serait donc jamais en repos. L'art n'a affaire qu'à des réalités fragmentaires. *Langue, musique, poésie,* nulle part embrassées d'un seul regard, com-préhensibles sous aucun horizon ; toujours actives *ailleurs,* dans de lointaines provinces périphériques où il importe, pour une raison de survie, que soient captés les signaux d'un château central et invisible. Le lecteur de poèmes est cette étrange machine vouée à ne percevoir que des bribes de ce dont il ne connaîtra ni l'essence ni le visage. Mais « vous figurez-vous donc avoir forcément affaire à une œuvre fragmentaire, dit Nietzsche, parce qu'on vous la présente (et ne peut que vous la présenter) en fragment ? » (1968 : 87). Vous figurez-vous que la langue soit une collection de fragments, parce qu'elle ne se manifeste autrement qu'en morceaux ? Elle est cette tension (cette attention) entre la province et le château qu'elle a construits en nous ; tension que Richard Millet nomme *le sentiment de la langue.*

Rien d'étonnant, dès lors, si le poème s'offre à nous, comme on l'a dit, par approximations successives, ou par *touches.* Sa lecture n'est pas seulement rétroaction sur la langue ; elle est aussi invention d'approches, imagination du tact, prospective dont on retiendra, pour finir, quatre modalités.

La première se nomme l'*aperçu.* Elle sollicite avant tout la vision. Un poème est vu avant d'être lu. Ce truisme, qui reste sans conséquence pour n'importe quelle autre sorte de texte, prédispose ici la lecture. Une certaine configuration de l'espace de la page nous livre déjà quelque esquisse de la forme-sens que la lecture va sous peu détailler autrement. À seulement contempler le *Coup de dés* de Mallarmé, on connaît déjà beaucoup de ce qu'on n'a pas même lu. Poussant sa présentation, disposant la partition, Mallarmé avoue n'avoir pas d'autre intention que d'« ouvrir les yeux » (1998 : 392). Ainsi peut-on, comme le fait David Mus dans un essai très singulier, tenter de lire un poème de Baudelaire en s'attachant principalement à son détail graphique, et suivre « la démarche fortement cadencée des caractères qui, pas à pas ou d'une seule ruée, se jettent vers la frontière ébréchée et imprévisible de l'ouvert... » (1991 : 76).

La deuxième modalité de la lecture s'appelle le *coma.* Elle répond à un profond désir d'incompréhension ; au besoin d'entrer dans le poème comme dans une matière opaque, muette, silencieuse, afin d'en éprouver d'abord l'épaisseur. C'est évidemment le moment le plus proprement « poétique » de l'approche. Celui où se joue le partage entre refus et acceptation. C'est aussi la réserve la plus palpable de jouissance. Aucun poète, sans doute, n'a mieux décrit cette déroute que Georges Perros dans une page d'*Échancrures* : « Je ne lis bien que quand j'éprouve le besoin, comme si j'étais dans le *coma*, de ne rien comprendre à l'immédiat du regard sur ces lignes qui vont à je ne sais quelle pêche dont je suis, pour le moment, exclu… » (1977 : 27 ; je souligne).

La troisième se nomme les *relectures*. Le poème est le champ même du relire, dans la mesure où sa forme intègre l'œil du lecteur. Les moindres détails de sa configuration sont les indices d'un parcours à accomplir *et* déjà accompli : quelqu'un est passé par là et y a laissé des repères visibles. On pourrait entendre en ce sens le poème de Victor Segalen intitulé « Stèle provisoire » :

> Qu'elle mesure ces mots avec des lèvres tissées de chair
> (dont je n'ai pas perdu le goût), avec sa langue
> nourrie de baisers, avec ses dents dont voici toujours
> la trace (1995-2 : 81)

Tout y parle d'une traversée à venir et déjà balisée par le corps aimé ; d'une prise et d'une surprise programmées. Un poème n'est en effet jamais tout à fait lu pour la première fois.

Il ne l'est pas non plus au sens où une première lecture ne l'épuise pas ; où, au contraire, il ne se construit en moi qu'autant que des relations s'établissent dans les circuits denses, foisonnants, de la langue. Liens de contiguïté lexicale qui croisent des proximités syntagmatiques, des parentés symboliques, selon un système arborescent où chaque trajet n'est qu'une hypothèse parmi d'autres. Ainsi, la lecture du poème nous met en présence de la fragmentation de la langue. Le modèle de vie qu'elle propose est celui des grandes aventures humaines, faites d'hypothèses et d'incertitudes, de mémoire et d'oubli ; jamais celui des assertions et des dogmes. Les discours critiques qu'elle induit reflètent ce jeu de traces et de manques, à l'instar de cet article publié jadis par Michel Deguy sous un titre dont on appréciera la sagesse incitative et désabusée à la fois : « Encore une lecture des "Colchiques" »…

L'ultime modalité se nomme la *réminiscence*. Elle tient, aux deux bouts de sa chaîne, la mémoire collective de la langue et la mémoire individuelle du poème ; les met en relation, postulant qu'une langue n'existe, ne se forge, ne vit et ne se conserve que dans cette réactivation personnelle de séquences (vers ou poèmes) qui en surprennent l'immense stéréotypie. Il y faut une mémoire. Mémoire qui *faut*, en effet, à savoir que la traverse une continuelle défaillance (combien savons-nous de vers *par cœur* ?), mais mémoire active encore dans ces oublis, comme une langue se laisse désirer dans tout ce qu'elle ne dit. Affirmer qu'un poème se lit aussi par réminiscence, c'est reconnaître que la prose du monde est capable d'éveiller en nous, en toute occasion, mieux que des formules toutes faites : le souvenir plus ou moins lointain, plus ou moins précis, de formes achevées qui ont déposé en nous l'idée (le désir) de ces états stables de la langue : des poèmes.

> Tout ce qui s'écrit dans une langue et, risquons le mot, tout ce qui s'y pense descend des productions des quelques-uns qui, une fois, ont disposé de cette langue en créateurs. (Hofmannsthal, 1992 : 90)

Autrement dit, la langue est une mémoire, le poème en est une autre. La première est engagée dans la représentation des choses, des idées et de leurs infinis mouvements. La seconde ne s'intéresse qu'au médium de la première : la langue. C'est pourquoi la réserve de poèmes déposée en nous y actualise sa lecture chaque fois qu'on cesse d'interroger les choses pour revenir à leur constitution verbale. La philosophie et la poésie ont à tenir là leur dialogue.

III

LANGUE ÉTRANGE,
LANGUE ÉTRANGÈRE,
LANGUE ANIMALE

11 *Pourquoi les poèmes nous parlent-ils dans une langue étrange ?*

Il suffirait d'ouvrir un essai de philosophie cognitiviste, un
manuel d'obstétrique ou un traité d'angélologie médiévale pour
se persuader – si la seule lecture des journaux sportifs quotidiens
ne nous en avait pas déjà convaincus – que la prose est capable
d'états tout aussi étranges que la poésie. On ne résiste pas au plaisir de citer ce fragment très quenellien d'un roman « feuille-
tonné » de Philippe De Jonckheere, intitulé *La Cible*, et lisible sur
la toile :

> Las de la délphinologie, le cénobite, grand buveur de zythum, avait
> fini par souffrir d'aboulie, risquant l'hebephrenie, il se lança dans
> l'étude d'animaux moins mobiles, l'yponomeute, le bostryche, les
> kamptazoaires et le thysanoptère xylophage devinrent ses spéciali-
> tés, hélas le cénobite s'enticha d'une oréade qui fricotait avec un
> quimboiseur qui ne vit pas la chose d'un bon œil et ne manqua pas
> d'avoir recours à moult jettatura, fin connaisseur en rôlage,
> le quimboiseur serra de la poudre de sanforisage dans un ennéago-
> nefudibuliforme de sa confection duquel il tira une décoction pesti-
> lentielle dont il ne manqua pas d'éclabousser le cénobite, passer la
> wassingue n'y fit rien, le cénobite pourtant ubiquiste emportait
> avec lui sa puanteur, véritable impedimenta de ses transports ubi-
> quistes : voilà sans ambage et sans neume la véritable histoire du

cénobite puant, une verbigération gongorique sans commune mesure avec la lallation coutumière des moujingues.

Mais que recouvre ce concept d'étrangeté appliqué à la langue ? S'il est un héros du parler étrange, en Occident, c'est Hamlet. Aussi arrive-t-il qu'on le prenne pour un fou. Pas assez fou, cependant, qu'on ne prête attention à ses propos, et qu'on ne s'en méfie. Lorsque Polonius lui demande : « Me reconnaissez-vous ? » et que l'autre répond : « Parfaitement, vous êtes un maquereau », Polonius est partagé entre le constat de folie et l'inquiétude du sens second. C'est qu'un maquereau n'est pas seulement un maquereau, et qu'il y a dans la langue de l'ambiguïté. Hamlet ne cesse de tourner autour de cette vérité-là, et le théâtre avec lui : feindre la folie pour tenir la folie à distance ; engouffrer dans cette feinte sa mélancolie ; et entraîner ainsi le monde dans l'étrangeté des spectres qui sont autant de retours de mémoire. L'étrange parleur est un fou qu'on n'enferme pas, ou pas encore : un déviant dont on observe le langage dans une sorte d'expectation particulière ; y attendant une dissipation prochaine du voile, un retour à la normale (à la norme), ou y redoutant au contraire une désastreuse révélation. C'est Hamlet ; c'est Maldoror ; c'est Artaud ou Nadja. Mais c'est aussi le Schumann des *Chants de l'aube* ; le Beethoven des ultimes quatuors, à propos desquels Delacroix notait encore dans son *Journal*, le 29 juin 1854, que « c'était magnifique », qu'« il y avait toujours des endroits obscurs [mais] que ce qui restait obscur pour tout le monde, et surtout pour les violons, l'avait été sans doute dans l'esprit de son auteur. » Définition exacte de l'étrangeté, en effet : ce qui, de l'obscurité de son langage, tire la promesse d'une révélation.

Ces quelques exemples montrent deux choses. D'abord, que la poésie n'en détient pas le monopole. Ensuite, que l'étrangeté est un état transitoire, intéressant justement parce qu'il crée une attente, un désir, l'espoir d'un accès ou l'avant-goût d'un rejet. Ainsi, le texte étrange se veut en transit entre deux états de réception ; nullement fixé, il est, plus qu'aucun autre, en devenir.

Comme nous. Comme nos vies. Comme l'apparence de notre passage dans le monde. L'étrange parler parle de cette transition-là, autrement dit, de la mortalité de toute parole : de sa faillibilité, de son engagement déjà sur la voie de la disparition. Il désigne cette évanescence qu'est la parole. Il donne des mots à ce qui n'en a pas. Il donne une voix aux égarés en puissance de la langue, comme Hamlet donne une voix au crâne de Yorick ; comme Baudelaire fait entendre le chant de la charogne – et Beethoven, Mallarmé ou Joyce, quelles autres voix perdues, encore ?

Il suffit que la langue se mette à parler comme aucun mortel ne la parle ; qu'elle dise ce que personne ne saurait dire ; qu'elle extraie de son sol non pas des idées neuves, de la néologie, mais, au contraire, ce qui y sommeillait depuis longtemps, ce qui y gisait *comme mort*, pour que l'étrange fasse irruption. Cette valeur fantomatique de l'étrange distingue ses énoncés du singulier, du bizarre, du baroque ou de l'insolite – catégories largement référées à une manipulation du signifiant. Avec l'étrange, quelque chose d'autre se passe ; ou plutôt, ce qui se passe a lieu sur un autre plan que celui du signifiant, sur un plan métaphysique. Dire que l'étrange parler retentit sur un plan métaphysique, c'est dire qu'il affecte non pas des signifiants et des signifiés, mais des essences ; qu'il contamine nos représentations du monde dans ce qui les fonde comme représentations, dans ce qui simplement les rend possibles.

C'est pourquoi, à la différence du singulier, du bizarre, du baroque ou de l'insolite, l'étrange peut revêtir la forme la plus anodine. Son expression est capable de ne manifester aucune perturbation apparente, comme c'est si souvent le cas chez Jean Follain, par exemple :

> Il arrive que la vaisselle tombe des mains des femmes. C'est dans un estaminet à plafond bas. La servante pousse un cri. Le plat s'écrase à terre, montrant sa cassure sombre. Pourquoi alors avoir le sentiment que le monde est merveille ? (1957 : 17)

C'est que l'étrange ne s'accomplit pas dans un énoncé, mais dans ce qui sous-tend l'énoncé ; dans le monde qu'il éclaire en faisant signe. La cassure du plat n'est pas un signe ; elle est la lumière soudain portée sur ce qui rend possibles les signes, ces lignes de fracture, veines, veinules ou fleuves qui, dans le repli des choses et des êtres, révèlent à la fois une foncière déliaison *et* la ligne d'une cohérence possible. Monde fugitivement entrevu, monde mortel, qui désigne en retour la fugacité, la perdition, l'égarement de tout énoncé. L'étrangeté n'est rien d'autre que la révélation de l'abîme de non-sens sur lequel se risquent les signes. S'il est vrai que n'importe quelle forme de texte peut devenir subitement le lieu d'une telle révélation, le poème en est l'opérateur de prédilection, pour deux raisons au moins, l'une formelle, l'autre thématique.

Il y a, on l'a vu (voir question 9), une puissance de suspens dans le vers. Parmi les effets de la versification, figure l'interruption graphique/vocale qui rend sensibles aussi bien la forte constitution que la précarité d'une parole, son insistance fragile. Rapportée à cette vibration dans le vide de la page, la moindre prose rassure ; son flux adhère à la continuité d'un temps pensé inépuisable. Le vers, lui, avance dans un néant. La page n'est pas seulement pour lui un lieu de déploiement ou une aire de jeu. C'est une circonscription symbolique où le blanc représente par métonymie tout ce qui échappe à la prise du langage ; tout ce qui, dans le langage même, reste étranger à la nomination, à la saisie, à la maîtrise du monde.

La seconde raison est thématique. Parmi les motifs invétérés de la poésie, on trouve cette caducité des choses et des êtres, qu'elle traduit en déplorations, en élégies ou en tombeaux. Car les mots par lesquels on devise avec les morts, ou avec les puissances de mort, ne peuvent être les mêmes que ceux qu'on adresse aux vivants. Prononcer le *ubi sunt* des endeuillés (« *où sont-ils, ceux qui passèrent ici avant nous ?* »), ce n'est pas seulement poser une question : c'est entrer dans un rituel de la parole, ainsi que fait, chez Villon, la « Ballade des dames du temps jadis » :

> Dictes moy ou, n'en quel pays,
> Est Flora la belle Rommaine,
> Archipiades, ne Thaïs...
> Mais ou sont les neiges d'antan ?

La litanie ne prend sens qu'à y entendre une convocation symbolique, autant qu'une lamentation. Un appel à la présence en même temps qu'un regret. De ce rituel, tous les poèmes gardent mémoire au bout du vers, là où la parole s'étrangle en invocation. Tous, y compris ceux qui n'ont rien de funèbre. C'est en ce sens qu'il est quelque raison à parler de l'étrangeté de la langue poétique.

12

L'étrangeté du poème ne tient-elle pas au fait qu'il s'écrit dans une langue étrangère ?

Au seuil des *Récits de la Kolyma*, le poète Chalamov se demande :

> Dans quelle langue m'adresser au lecteur ? Si je privilégiais l'authenticité, la vérité, ma langue serait pauvre, indigente. Les métaphores, la complexité du discours apparaissent à un certain degré de l'évolution et disparaissent lorsque ce degré a été franchi en sens inverse... Comment retrouver cet état et dans quelle langue le raconter ? L'enrichissement de la langue, c'est l'appauvrissement de l'aspect factuel, véridique du récit. (2003 : 8)

Voilà une question de poète. La question d'un poète au moment précis où l'œuvre à venir se présente comme une bifurcation entre deux états possibles – poème ou récit ; où celui qui l'écrit pressent donc la langue dont il aurait besoin, mais s'y refuse finalement par souci de narrer. L'équation est alors lumineusement posée par Chalamov : pour retrouver cet état dans lequel « pas une fois je ne m'attardai sur une pensée... pas une fois, durant toutes ces années, je n'admirai un paysage », il faudrait emprunter le chemin de la langue la plus indigente. L'important ici, en effet, ce n'est ni la pensée, ni le paysage, objets communs du langage commun : c'est le ne-plus-penser, le ne-plus-admirer-un-paysage, états bien plus proches de la vérité de l'expérience, que sa description la plus minutieuse. Or comment dire la non-pensée, le non-regard des « crevards » de la Kolyma ? Seule une langue rongée de l'intérieur par le néant aurait ce pouvoir. Cette « autre langue », cette langue de l'Autre, cette langue étrangère, Chalamov la connaît : c'est celle du poème. Elle seule pourrait dire la vie du camp. Et cependant, il y renonce. Pourquoi ?

Non que l'« autre langue » soit alors jugée inférieure à cette immense tâche. Tout au contraire : c'est parce que la langue poétique est exactement adéquate à un tel projet, c'est parce que, dit encore Chalamov, les vers sont la seule chose qui nous reste dans un si profond désarroi, et qu'ils sont le matériau par excellence de l'étrangeté et du désarroi, qu'ils ne sauraient avoir lieu ici : le poème de la Kolyma, s'il existait, serait proprement exsangue. Son efficacité, face à un dénuement extrême, conduirait à sa réduction extrême, à son illisibilité, à son silence. Il y a des réalités, nous apprend Chalamov, qui exigent, pour être dites, un tel amaigrissement de la langue qu'il aboutirait à son exténuation. Pas d'autre solution, donc, que d'accepter « l'appauvrissement de l'aspect factuel, véridique du récit », c'est-à-dire de tricher avec la vérité. À ce point de la logique, il est important de faire intervenir le sens général de l'œuvre : les *Récits de la Kolyma* sont une méditation sur l'aberration du pouvoir. C'est là leur toile, ou leur musique de fond. Mais le pouvoir n'est pas seulement saisi sous l'angle de son aberration. Est-il d'ailleurs jamais vraiment dénoncé ? C'est plutôt la constante torsion qu'il inflige au monde, à la *vérité* du monde, qui est reparcourue sans fin dans le récit. En quoi consiste cette vérité ? En ceci, simplement : l'entretien d'une relation libre, féconde, profuse, *incontrôlée* avec les paysages comme avec la pensée propre. Vérité signifiant cette capacité de *vérifier* l'une et les autres : de les produire à soi tels qu'ils sont perçus ; transformer des perceptions en conceptions, et plus tard, peut-être, en expressions autonomes, exemptes de représentations parasitaires. Dans la torsion du pouvoir stalinien, cette relation est devenue impossible, toute perception, toute conception se brouillant d'innombrables parasitages autoritaires.

Le choix que Chalamov opère sur sa langue entre en relation directe avec cette torsion, et il faut paradoxalement entendre comme un tardif, mais essentiel sacrifice à la loi du Pouvoir, cette *renonciation à dire la Kolyma dans la langue du poème.* Sacrifice, mais qui, à la lumière du commentaire qu'en donne Chalamov lui-même, vaut aussi démonstration. Le gros millier de pages des *Récits* s'éclairant d'une formule préambulique du genre : je vais dire comment le Pouvoir a rendu impossible le poème de la Kolyma, imprononçable sa langue, et étrangère *au point qu*'elle n'en est même plus représentable – l'impossibilité du poème devenant ici l'équivalent, ou plutôt le pendant et l'emblème en creux de l'extrême asservissement de l'humanité.

Nous touchons là au principe empirique et explicatif du rapport tourmenté qu'entretiennent la langue du poème et les pouvoirs de toute sorte. Si l'on comprend bien Chalamov, il y aurait, dans l'exercice du pouvoir autoritaire, quelque chose de congruent à l'exercice du poème : avec cet appauvrissement de la langue *interdite*, avec ce balbutiement des esclaves et ce bégaiement des proscrits, le poème éprouve une parenté ; là, il est à son affaire – Hugo le savait bien ; et après lui, le Char des *Feuillets d'Hypnos*. Naturellement, la poésie pourra longtemps encore continuer à vivre dans les *métaphores et les complexités du discours*, qui sont peut-être des manières de pactiser avec les pouvoirs acceptables. Mais lorsque le *degré d'évolution est franchi en sens inverse*, vient un temps où ces vérifications du monde deviennent impossibles ; où le discours se réduit de lui-même, et en arrive à dire la chose seulement, l'esseulement des choses, leur pauvreté, leur non-sens, avec une plus grande acuité et des moyens plus étroits. Mandelstam ne peut déjà plus tenir, sur Staline, les propos métaphoriques que Napoléon III inspire à Hugo. C'est que Hugo et Louis-Napoléon sont liés dans une dramaturgie où chacun, finalement, trouve son compte. Mandelstam, lui, ne *s'oppose* pas au Pouvoir. Il se tient simplement en deçà de la rhétorique de l'équivalence. Il dit seulement, sans prendre la peine de le publier, que Staline a « les doigts épais et gras comme des vers » (1975 : 259). Mais il le dit en poème. Cet esseulement de la « chose » stalinienne, cette objectivation de la puissance du rien, suffisent à l'envoyer, lui aussi, à la Kolyma, sur le chemin de laquelle il mourra.

Mais le détail anatomique, en quoi trouble-t-il malgré tout le Pouvoir ? Sans doute en ce qu'il est à la fois très singulier et très commun. Mandelstam apprend aux Soviétiques que le singulier du « Petit père des peuples » est… ordinaire, et même dans le genre ordinaire de l'ordinaire. Mais la remarque serait de bien moindre portée si elle émanait, par exemple, d'un médecin anatomiste, ou d'un opposant avéré au pouvoir officiel. Ce qui la rend vraiment troublante, vraiment insoutenable pour l'intéressé, c'est qu'elle prend place dans un régime de langue où les doigts boudinés sont observés en eux-mêmes, où ils sont chargés d'un on-ne-sait-quoi aussi puissant que, soudain, le hasard, l'imprédestination – l'absolue banalité du corps du tyran et, par métonymie, l'infinie contingence des incarnations du pouvoir. Il leur confère une étrangeté, au sens où est étrange un plat brisé dans un poème de Jean Follain.

Les *Récits de la Kolyma* éclairent donc obliquement la question de la langue étrangère du poème. Leur trame dessine en creux l'emplacement d'un idiome impossible, mais dont l'impossibilité même nous ouvre à l'essence de la langue poétique. Si Chalamov renonce au poème, c'est parce que la langue poétique a pour premier effet de nous faire voir le monde *comme* une chose vraiment étrange, au sens que ce mot prend sur les parages de la folie et de la mort. À la Kolyma, le monde lui-même prend en charge cette étrangeté-là (folie et mort, en effet, sous la conduite d'un pouvoir en délire). La métaphore n'est plus possible. La langue qu'il faudrait devrait si bien adhérer au réel qu'elle n'en serait rien d'autre que le réel même. Celle du poème, qui sans fin travaille à réduire la distance entre langage et choses, s'abîmerait dans cette identification.

13. En quel sens l'« étrangèreté » de sa langue éclaire-t-elle l'idée de la poésie ?

Ne perdons pas de vue que si la langue de la poésie peut être dite étrangère, c'est dans un sens métaphorique. Le poème parle *quelque chose comme* une langue étrangère ; une langue *en quelque sorte* étrangère. Ces modalisations obligent à distinguer.

Une langue reçoit la qualification d'étrangère à partir de trois critères principaux : un critère de situation ; un critère de résistance ; un critère de reconnaissance. Il faut en effet que l'observateur se conçoive d'abord comme appartenant lui-même à une sphère linguistique pour être en état de déclarer qu'un énoncé ne relève pas de cette sphère. Douterait-il de cette participation, ou serait-il plongé dans une confusion mentale si grande qu'elle lui devienne inconcevable, il serait alors confronté à la situation où toute langue lui apparaîtrait comme étrangère. On le verrait proprement désarmé devant les signes, flottant entre eux, naviguant à vue, ou enseveli sous eux comme cet enfant-loup dont Rosine Lefort rapporte le cas dans le *Séminaire I* de Lacan ; ou inversement, prenant appui sur cet allègement, produisant de nouveaux signes à l'infini, tous équivalents sur le plan de la signification.

Nous sommes, dans un cas, face à une pathologie, dans l'autre, face à une fiction qu'explorèrent quelques peintres du XXe siècle, comme Paul Klee, Michaux, Réquichot ou Twombly. Barthes a décrit leur singulière pratique en rappelant que l'écriture tient son être « non de son sens (de sa fonction communicative) mais de la rage, de la tendresse ou de la rigueur dont sont tracées ses jambes et ses courbes » (1982 : 201). Renvoyer ainsi la langue à sa matérialité, la situer dans son médium oral ou graphique, c'est désinvestir sa « fonction communicative » ; c'est ouvrir le champ d'une production des signes qu'aucune sphère ni aucune aire d'entente ne vient plus limiter. C'est produire une langue étrangère à partir du sentiment qu'on est soi-même devenu étranger à sa propre langue. Ces cas extrêmes, qu'ils relèvent de la schizophrénie (par exemple, de l'hébéphrénie) ou de l'aventure esthétique, ne mettent que mieux en lumière la condition à partir de laquelle se construit le sentiment de l'extranéité d'une langue, à savoir notre enracinement dans une langue propre, si ténu soit-il : le récit du cas de l'enfant-loup s'achève sur cette remarque du médecin : « il avait quand même deux mots » (1998 : 117). Autrement dit, la représentation de la langue étrangère nous révèle à nous-mêmes notre fatale appartenance linguistique.

Cette révélation s'opère *via* le sentiment d'une résistance. Sentiment bien connu, universellement partagé, que Mallarmé traduisait par ces mots déjà cités : « Comprends pas. » Mais qu'est-ce que ce ne-pas-comprendre ? Il s'articule nécessairement à une compétence. Il ne se prononce que depuis le lieu d'une connaissance linguistique, si fruste soit-elle, prise comme modèle. Donc d'une reconnaissance. Le loup de l'enfant-loup vient des contes et légendes transmis à tout enfant. Si bien que cette incompréhension nous fait encore entendre ceci : que ce que nous rencontrons, dans l'interdit de la langue étrangère, *pourrait être* compris ; que cet objet présente tous les caractères nécessaires et suffisants à la compréhension ; et que l'interdit se situe en nous seulement. C'est ma situation par rapport à l'énoncé qui crée l'obstacle, non l'énoncé lui-même. À comprendre, donc : le fait que les langues ne sont que des points de vue sur le langage.

La langue du poème n'est, elle aussi, qu'un point de vue sur le langage. Elle implique, dans son déploiement, l'assignation du lecteur à un domaine linguistique immédiatement reconnaissable.

Elle aussi, elle offre cette résistance qui rend certains poèmes aussi hermétiques que les énoncés d'une langue étrangère. Mais cette étrangeté ne signifie pas *étrangèreté*. D'abord parce qu'un énoncé étranger n'a rien d'étrange : je reconnais en lui l'étranger comme une qualité pleine ; l'indice, souvent, d'un territoire géographique ; toujours d'une terre mentale. Je ne sais ce qu'il me dit, mais il désigne au moins en lui une nature dépourvue de menace, d'inquiétude ou de trouble ; une réalité souvent charmante au contraire, un accent d'humanité, lointaine ou proche ; bref, la consistance d'une *matière linguistique* parmi d'autres. Tout différent est le statut du poème à l'égard de la langue. Quel que soit son degré d'hermétisme, la résistance est ici faible. On a souvent cru pouvoir tirer de quelques usages lexicaux particuliers l'identification de la langue du poème à une langue étrangère. Certains poètes ont d'ailleurs exploré cette veine à l'envi, soit du côté des idiolectes (voyez Saint-John Perse et les vocabulaires techniques), soit du côté de la néologie (Michaux). Mais une langue n'est pas réductible à son lexique. Son organisme compose une infinité de lois associatives qui traversent tout l'espace linguistique, depuis les sons jusqu'aux segments les plus vastes. Notre reconnaissance de ces lois est si immédiate qu'il suffit en réalité de très peu de choses pour qu'un usager identifie sa langue dans un énoncé. Voici un passage du *Livre* de Pierre Guyotat, qui ne laisse, malgré les perturbations, aucun doute sur son horizon linguistique :

> sos amauroz' par excès kief, bras conchiassé jusqu' deltoïd' à l'ax-terpation hors pluss profond tro d' tôt l'îlot Yatchenko l'ukran-niann' qu', evadé dexsaptann' parriçid', crân' tondu Quarant' Quatr' femm' UFF qu' desput't aux putans rast' d' sa creniar' blond' sur preau bagn' d'Anian', detend son deux matr'soixant'dexsapt non-homologue sarré culott' fillett' Oradoriann' dentell' carbonesée por cancan d' campagn' sos mar-ronnier limousin o, menuit, en caban' inachevée fourrée liàvr' d'o saut't impubar' guetteurs pubàr' FFI, les brad' aux mâchoir' alsa-çiann' qu' sos cils, sorcils [...]

Poétique au plein sens, ce fragment l'est en ceci qu'il laisse percevoir sa langue dans le mouvement même qui la déforme, tout comme un violon brisé d'Arman se laisse encore reconnaître pour l'instrument qu'il fut. C'est précisément parce que la résistance de l'énoncé est faible que l'étrangeté s'y insinue. Or dans ce faible écart – l'espace même de *l'inquiétante étrangeté*, selon Freud – se joue quelque chose d'essentiel. L'objet que nous lisons alors ne désigne plus une langue parmi d'autres. Il ne nous convie pas à jouir de la pluralité des langues humaines, comme de la réminiscence d'un paysage varié, mais à considérer en lui-même ce fait : *la langue*. S'il s'enlève d'un système connu, ce n'est pas pour retomber dans un système inconnu. C'est pour interroger l'essence même de tout système, c'est-à-dire précisément ceci : que l'humanité dise *le* monde à travers une multitude d'idiomes. Interrogation à laquelle Mallarmé reconnaît, on le sait, la nécessité du vers – entendons : du poème. « La diversité, sur terre, des idiomes, dit-il, empêche personne de proférer les mots qui, sinon se trouveraient, par une frappe unique, elle-même matériellement la vérité » (2003 : 208). Compensant (« rémunérant », dit Mallarmé) le défaut des langues, le poème jette du même coup une inquiétude sur *cette* langue-ci à laquelle il puise en gros ses formules. Il devient autre chose qu'un simple acte de langue : un acte qui se retournerait sur lui-même, qui se regarderait agir ; qui ne tiendrait sa validité que d'un acte second dans lequel il se recueillerait. Ce retournement, ce *re-* intrinsèque au poème éclairent l'idée de la poésie ; ils font d'elle une tension vers la vérité. (« Voulez vous que verté vous die ? » *Voulez-vous que je vous dise la vérité ?*, demande Villon à la fin de sa « Ballade des contrevérités »). Car la lumière rétrospective montre plus qu'une particularité linguistique. Elle révèle tout d'un coup le monde du poème ; le monde décillé auquel il ouvre. Nullement différent de celui avec lequel nous traitons dans l'ordinaire de la parole et de la représentation ; simplement *connu comme parole et comme représentation*.

14 *Bartleby est-il un poète ?*

Bartleby est un personnage lisse ; un « homme sans qualité » ; un héros sans héroïsme. Une sorte d'antihéros moderne,
apparenté à ceux de Musil, de Kafka ou de Beckett. Le seul trait
qui, dans le récit éponyme où Melville le met en scène, le distingue de ses semblables, est d'ordre linguistique. Il s'agit de cette
réponse, opposée aux demandes de l'avoué qui vient de l'engager
comme copiste : *I would prefer not to*, « Je préférerais ne pas ».
Formule étrange, d'abord en ce qu'elle systématise le négatif,
qu'elle rend sensible, comme dit Maurice Blanchot, « le nœud du
négatif » : « une abstention qui n'a pas eu à être décidée, qui précède toute décision et qui est plus qu'une dénégation, mais plutôt
une abdication, la renonciation [...] à rien dire » (1980 : 33).
Mais étrange aussi en elle-même, dans le système de l'anglais
qu'elle convoque, et où elle rend un son agrammatical. Véritable
invention verbale, elle est à la fois clairement compréhensible et
inusitée.

Gilles Deleuze a consacré à *Bartleby*, sous le titre « Bartleby,
ou la formule » (1993 : 89-114), une étude qui interroge cette
étrangeté et décrit ses effets sur le langage. La formule, dit-il, ressemble à la mauvaise traduction d'une langue étrangère. « Mais, à
mieux l'entendre, sa splendeur dément cette hypothèse. Peut-être
est-ce elle qui creuse dans la langue une sorte de langue étrangère »
(1993 : 93). S'il est vrai qu'une langue reçoit la qualification
d'étrangère à partir d'un triple critère de situation, de résistance et
de reconnaissance, la formule de Bartleby satisfait imparfaitement
à la condition. Entendue depuis une situation d'anglophonie, elle
n'offre pas une résistance majeure ; résistance d'ailleurs vite
balayée par la reconnaissance d'un sens qui, dans les dix situations
où elle se présente au fil du récit, ne fait aucun doute. Cet infime
accroc dans la syntaxe de l'anglais constitue sa seule singularité :
Bartleby n'est, malgré tout, jamais considéré ni comme un allo-
phone ni comme un étranger. (Il ne parle qu'« *une sorte de* langue
étrangère ».) Ce léger déplacement est évidemment lourd de conséquences, dans lesquelles nous reconnaissons la lumière rétrospective de la poésie. Comme les contrevérités de Villon, la formule de

Bartleby invente un monde à partir d'un procédé linguistique qui « consiste, commente Deleuze, à traiter la langue ordinaire [...] de manière à lui faire "rendre" une langue originale inconnue [...], et qui emporterait tout le langage ».

La particularité de la formule tient à ce qu'elle n'entre pas dans la composition d'un poème – par exemple, d'une ballade de l'abstention. En la plaçant dans la bouche de Bartleby, Melville la met en circulation romanesque : il la soumet aux contraintes de l'échange interpersonnel, de l'influence et de l'action. Elle aura, sur ce plan, des effets ravageurs par contamination. Plusieurs protagonistes se sentiront gagnés par elle comme par un mal ; et elle en viendra à détruire toute possibilité de relation avec Bartleby. C'est qu'elle appartient, Deleuze le montre, à la catégorie des « actes de parole » qui déterminent les rapports entre les interlocuteurs, selon leurs situations respectives. Dans ce champ de rapports, le *I would prefer not to* délimite une zone d'exclusion. Il invente « une nouvelle logique, une *logique de la préférence* qui suffit à miner les présupposés du langage » (1993 : 95). Une logique « qui, dit de son côté Maurice Blanchot, ne laisse pas de prise à l'intervention dialectique » (1980 : 33). Bartleby est l'incarnation de cette logique. Mieux, il n'est que l'agent de sa variation, celui qui la rend opérationnelle dans un champ social ruiné « où, immobiles, marchant d'un pas égal et lent, vont et viennent les hommes détruits » (1980 : 34).

Celui qu'on a chargé d'une telle incarnation entretient une relation étroite avec la poésie : il en est comme le témoin, ou, pour parler à la manière de Lévinas, l'*otage*. Il n'est au demeurant pas nécessaire que le poème ait lieu. La formule et celui qui la profère en tiennent amplement lieu. Mieux vaut, d'ailleurs, qu'il ait disparu, pour nous éviter tous les malentendus reconduits d'âge en âge sur sa puissance. Le *prefer not to* est le lambeau exemplaire d'une de ces langues dont se réclament d'habitude les poèmes. Mais celle-ci, dépourvue de toute attestation poétique. Son signifié autant que sa forme disent le retrait loin des appartenances, sa chute dans le dehors. Il indique la poésie, comme Bartleby indique en creux la position du poète. Cette position, il l'occupe en attente, en patience, comme un souvenir ou comme une préfiguration. Après *Bartleby*, Melville entrera lui-même dans un long silence, rompu seulement par l'écriture poétique.

15   *Le poème nous parle-t-il la langue de l'animalité ?*

Dans sa *Théorie de la religion*, Bataille écrit ceci :

> À nous représenter l'univers sans l'homme, l'univers où le regard de l'animal serait seul à s'ouvrir devant les choses, l'animal n'étant ni une chose, ni un homme, nous ne pouvons que susciter une vision où nous ne voyons rien, puisque l'objet de cette vision est un glissement allant des choses qui n'ont pas de sens si elles sont seules, au monde plein de sens impliqué par l'homme donnant à chaque chose le sien. C'est pourquoi nous ne pouvons décrire un tel objet d'une manière précise. Ou plutôt, *la manière correcte d'en parler ne peut être ouvertement que poétique, en ce que la poésie ne décrit rien qui ne glisse à l'inconnaissable.* » (1973 : 28-29)

Ce texte dit deux choses essentielles pour notre propos. Premièrement, que l'homme seul est producteur de sens, et que ce sens est lui-même source de vision. Que le voir présume donc le sens de l'humanité en nous. D'où il suit, secondement, que le voir animal, le voir par « le regard de l'animal » ne peut être que d'une autre nature. Si la poésie s'attache, comme on l'a déjà dit ici, à rompre les liens entre sens et vision, si elle nous donne à voir ce qui, dans ce détachement, *glisse à l'inconnaissable*, alors le regard poétique épouse le regard de l'animal.

L'inconnaissable suppose un détour par l'hypothèse du connaissable, dont la lueur ne cesse jamais tout à fait de hanter son site. Il s'élève sur le fond général d'un projet de connaissance qui le dépasse, de même que l'innommable advient sur l'horizon de la toute-puissance du Nom. Qu'est-ce alors que parler de l'avènement d'un regard animal ? Borges pose cette question dans un poème, intitulé « L'autre tigre ».

> J'imagine un tigre. La pénombre exalte
> La vaste Bibliothèque travailleuse
> Et paraît éloigner les rayonnages.
> Puissant, innocent, sanglant et neuf,
> Il ira par sa forêt et son matin. (1982 : 147)

Le poète *se figure* un fauve dans sa puissance et son frisson, ses paysages, ses odeurs et toute sa réalité physique. Puis comprend aussitôt

> Que le tigre vocatif de mon poème
> Est un tigre de symboles et d'ombres,
> Une série de tropes littéraires
> Et de souvenirs d'encyclopédie,
> Et non le tigre fatal, le funeste joyau
> Qui sous le soleil ou la lune changeante
> S'acquitte à Sumatra ou au Bengale
> De sa routine d'amour, de paresse et de mort.

« L'autre tigre » de Borges découvre ce qui fonde le poème, et le poème seul : l'infinie différence régnant entre le tigre de « mots humains » et celui qui, « au-delà des mythologies, foule le sol ». Autrement dit, face au poème, je reste fatalement retranché des choses par des signes qui non seulement n'ont jamais eu le moindre lien mimétique avec elles, mais en outre y mêlent les scories d'une histoire qui leur est étrangère : celle de la langue – *une série de tropes littéraires*, dit Borges. Écrire en poésie est une manière de creuser cette distance avec les choses et en même temps de la reconquérir : de rapatrier, en somme, du côté de l'expérience du langage, un peu de ce qui, dans le langage, se perd de l'expérience du monde. Approfondir et combler à la fois. À quoi tient ce paradoxe ?

Mallarmé, parlant de « l'absente de tous bouquets », la distingue avant tout des « calices sus ». La fleur qui lui importe – qui importe au poème – est présente-absente au bouquet : son nom désigne une réalité que le nom échoue à épuiser complètement. Cette part inépuisable de la chose, le langage la dessine comme en creux ; impuissant, il ne la montre que comme ombre, ou comme fantôme. Ainsi en va-t-il du rapport général que notre parole, écrite ou parlée, entretient avec toute forme d'altérité : une saisie qui infiniment nous échappe, et se dissout dans le lointain *là-bas* contre lequel vient buter la vaine tentative.

Le signe n'est, comme dit la sémiologie, *coupé* qu'autant qu'il reflète une rupture plus vaste, une topographie du langage en son entier, comme d'une pratique dont la zone claire est cernée de tous côtés par ce qui la dépasse et la circonscrit. Cernée non seulement. En son cœur aussi, à l'intérieur de cet *ici* où les mots et, matériellement, les livres semblent pleinement régner, des signes de défaillance affleurent. Jean Roudaut, commentant cette figure récurrente dans l'œuvre critique de Michel Foucault, rappelle que « la bibliothèque n'est pas seulement un indice de l'existence d'un espace littéraire, mais une image : le vide entre les parois matérialise la distance entre les mots, les phrases, les thèmes qui se reprennent » (1999 : 126). Les œuvres de langage sont aussi, par leur somme, des œuvres de l'intermittence du langage. Les espaces qui, dans la bibliothèque, marquent la place d'un volume absent, s'appellent des « fantômes ». Ainsi, le signe n'est pas seul témoin de l'irrémédiable et canonique coupure. C'est tout le langage qu'il faut se représenter sous le jour d'un retranchement, d'une anthropologie de la discontinuité du Nom. Ce que signifie, dans le poème de Borges, le motif de l'animalité : il nous invite à dériver vers le mystère d'un inconnaissable (ce que, plus haut, on a nommé une résistance). Il s'agit de mieux comprendre maintenant comment il nous oriente aussi vers la forme en creux d'une possible connaissance, ou d'une reconnaissance. Et que ce manque, et ce qu'il dessine, définissent, dans les œuvres du langage, le lieu du poème.

Le tigre de Borges va « par sa forêt et son matin ». Sur l'horizon, il se détache pour venir auprès de nous, s'apprêtant à témoigner de cette proximité que Bataille, admirable penseur de l'animalité, décrit ainsi : « [L'animal] n'est pas toujours, et jamais il n'est tout à fait, réductible à cette sorte de réalité inférieure que nous attribuons aux choses » (1973 : 31). C'est cette irréductibilité qui, dans le cosmos ordonné des choses *avec* l'homme (des livres dans la bibliothèque), jette sa question. L'homme croit pouvoir dire les choses d'ici-bas. Mais cette *chose* qui vient à lui sans parole, peut-il la nommer entièrement au moment où, découvrant son altérité, il y reconnaît une part de lui-même ? Car – je cite encore Bataille – « je ne sais quoi de doux, de secret et de douloureux prolonge dans ces ténèbres animales l'intimité de la lueur qui veille en nous. » *Visage* du fauve, oui, comme une autre face, insaisissable, irréfléchissable, de nous-même, et qui nous regarde. Secret à la fois doux et douloureux, que seule l'animalité peut traduire en image, et encore, de toutes, la plus indomptable et la plus dévorante.

S'agit-il, pour le fauve du poème, de nous aider à transgresser la limite entre un territoire du langage et le grand extérieur qui le nierait ? Mais il n'existe pas de frontière connaissable entre la bibliothèque et l'animalité. En vérité, l'innommable ne se tient pas hors de la pratique du langage, mais en elle. Le *monde muet* n'est pas extérieur à la parole, il gît en son sein. Certes, à travers ses accomplissements les plus ambitieux, elle s'efforce à une perception totale de ce qu'elle pense sous la dénomination de monde ; elle tend à construire et à ordonner ce « paysage du Tout » dont nous parle Pierre Oster (2000). Mais, à chaque pas qu'elle avance en cette direction, apparaît mieux encore ce poids de silence propre non tant aux *choses*, qu'à ce qui reste de notre fatale immersion dans leur territoire silencieux lorsque ont été nommés les plus subtils particularismes du nôtre. Et que nous soyons nous-mêmes des choses, réductibles par déchirure, fragmentation et déglutition, par exemple, c'est ce que viennent nous enseigner les mâchoires du tigre. La poésie n'a jamais eu d'autre fonction, ni d'autre sens que cette manière d'accueillir le monde sur la frange où les mots s'en retirent, et, ce faisant, d'exhausser le langage à ce point où, devenu vain aux échanges, il se transfigure lui-même, où il endosse la nature animale de ce qu'il touche.

Le cas de Lord Chandos, déjà évoqué ici, présente exemplairement l'aventure de cette transfiguration et de l'animalité intime qu'elle dévoile chez le poète. Tentant d'exposer à son correspondant, Francis Bacon, les raisons de son renoncement à l'activité littéraire, Chandos se compare à l'orateur Crassus, si violemment épris d'une murène apprivoisée – « poisson terne, muet, aux yeux rouges » (1992 : 50) – que Domitius tenta, en plein Sénat, de le faire passer pour demi-fou : n'avait-il pas versé des larmes sur la mort récente du poisson ? Cette figure de Crassus :

> pleurant à cause de sa murène, [...] quelque chose d'indéfinissable, commente Chandos, me force à penser à elle d'une manière qui m'apparaît parfaitement extravagante... L'image de ce Crassus est parfois présente, la nuit, dans mon cerveau comme une écharde autour de laquelle tout suppure, bat et bout. J'ai l'impression alors d'entrer moi-même en fermentation, de rejeter des bulles, de bouillonner et de devenir phosphorescent. Et il y a dans tout cela une espèce de pensée fiévreuse, mais une pensée qui se sert de matériaux plus immédiats, plus fluides, plus ardents que les mots.

Cette fascination pour la murène résonne, dans la conscience de Chandos, comme le reflet d'une révolution intérieure : lui qui, jusque-là, fondait ses projets d'écriture sur la perception, accompagnée d'« une sorte d'ivresse continuelle » (1992 : 40), de la « grande unité » de l'existence, le voici soudain gagné par une véritable dépossession du langage : « les mots, explique-t-il, flottaient isolés, autour de moi ; ils se figeaient, devenaient des yeux qui me fixaient et que je devais fixer en retour : des tourbillons, voilà ce qu'ils sont, y plonger mes regards me donne le vertige, et ils tournoient sans fin, et à travers eux on atteint le vide » (1992 : 44).

Pourquoi Chandos cesse-t-il d'écrire ? Parce que, usager de la prose, il découvre soudain ce bord du langage où les mots désertent les choses. En un sens, Hofmannsthal crée la fiction d'un écrivain nullement poète, à qui il serait donné d'entrevoir la poésie. La position est intéressante : la plus propice, en tout cas, pour reconnaître l'*insaisi* du langage. « J'éprouvais un malaise inexplicable, dit encore Chandos, à seulement prononcer les mots "esprit", "âme", ou "corps"... Les termes abstraits [...] se décomposaient dans ma bouche tels des champignons moisis » (1992 : 42). Or c'est par une effraction sociale que se signale à lui l'évidence poétique. « Mon regard [...] cherche parmi tous ces objets misérables et grossiers de la vie paysanne, celui, posé ou appuyé et n'attirant point l'œil, dont la forme insignifiante, dont la nature muette peut devenir la source de ce ravissement énigmatique, silencieux, sans limite » (1992 : 49). Mais les objets de la vie paysanne, de même que la condition noble de Lord Chandos, ne sont que les allégories de ce qui advient *dans le langage* : un abandon des prérogatives établies. L'image rêvée du poète atteste même son identification avec la condition animale. Ces *bulles*, ces *bouillonnements*, cette *phosphorescence* décrivent le procès poétique par excellence : celui grâce auquel le sujet découvre non pas un instant privilégié de sa vie, mais son échappée hors de la condition du langage et, avec elle, la remise en cause de toutes ses relations au monde – de la représentation du monde elle-même.

En quoi le motif de l'animalité nous aide-t-il à entrer dans une vision du monde ? On se souvient que le *Coup de dés* de Mallarmé s'achève sur la figure à la fois thématique et typographique de la Grande Ourse (« une constellation / froide d'oubli et de désuétude »). Signe ambigu entre cosmos et animalité, et parent, chez Mallarmé, du grand ours qui brise l'exhibition d'un clown dans *Un spectacle interrompu* (1998 : 420). C'est que l'animal, le gros animal terrible, grognant ou rugissant, est proprement l'agent d'une *sidération* : l'ours est là pour désigner la puissance des fictions humaines lorsqu'elles s'égalent aux configurations célestes ; mais, les désignant, il a aussi pour rôle de les « interrompre », c'est-à-dire d'en rendre perceptible l'énergie, exposée par cet arrêt même. Cette sidération n'est pas seulement le fruit d'une virtuosité. Elle est, à en croire justement le *Coup de dés*, la seule manière que connaissent les hommes de fondre leurs productions mentales dans les formes de l'univers ; inversement, de fixer le flux universel en une figure stable et transmissible. « Un des drames de l'histoire astrale élisant, pour s'y produire, ce modeste théâtre », dit Mallarmé en commentant l'« Anecdote » du spectacle interrompu par l'ours.

IV

REPRÉSENTATION, PRÉSENTATION, DÉFIGURATION

16 Comment s'opère la représentation dans le poème ?

Le récit, le *muthos*, se définit chez Aristote comme une représentation « d'hommes qui agissent » (1980 : 57). Cette définition gouvernera, y compris dans la poésie, toute une tradition relayée par le fameux *ut pictura poesis* de l'*Art poétique* (*Épître aux Pisons*) d'Horace : « Pour composer les histoires, dit Aristote, [...] il faut se mettre au maximum la scène sous les yeux » (1980 : 93). Conforme à ce projet général, la poésie doit tendre elle aussi à une perfection mimétique. La Renaissance française restera fidèle au principe d'imitation, dont elle fera plus qu'une règle esthétique : un art de vivre dans un cosmos où toute chose est liée aux autres par d'infinis échos de similitude. Imitation non point servile (les théoriciens classiques ne cesseront d'y insister), mais dévouée aux grands modèles antiques pour mieux renouveler le spectacle du monde : « Il ne faut pas [...] que le Poète qui doit exceller, soit imitateur juré ni perpétuel. Ainsi se propose non seulement de pouvoir ajouter du sien, mais encore de pouvoir faire mieux en plusieurs points » (Jacques Peletier du Mans, *L'Art poétique*, 1555 ; 1990 : 258). Boileau, dans son *Traité du sublime*, s'en remet encore à la pensée d'Aristote. Cependant, il propose de l'image poétique une définition fondée sur la *surprise*. Dégagée du souci de la vérité, elle n'a d'autre fin que d'emporter la conviction ou, comme dit Boileau, la *croyance* surnaturelle. Bien sûr, il se défiera de cette puissance, et n'aura de cesse de montrer le danger de son abus dans la prose. Mais énoncer la règle, c'était déjà reconnaître son inévitable transgression. Et derrière l'ordre qu'elle affiche, se dessine pour la première fois le pouvoir subversif de l'image en poésie.

Ainsi est posée la question de la représentation poétique : de quoi l'image et, avec elle, le poème, pour autant qu'il mette en œuvre une machinerie d'images, sont-ils la représentation ? À cette question, trois réponses on été traditionnellement apportées.

La première est de nature spiritualiste : le poème, dit-elle, *nous montre l'au-delà du visible.* Cet au-delà peut être interprété de diverses manières. Toujours il rappelle la vocation singulière du poème à rendre visible l'invisible, à dévoiler le caché, à nous faire accéder aux régions où le voir devient vision, et le langage, instrument d'une opération de dépassement du réel. Dans ses *Essais de Hombourg*, Hölderlin insiste sur le fait que l'« antagonisme entre *contenu spirituel* (l'affinité de toutes les parties) et *forme spirituelle* (l'alternance de toutes les parties) » se résout dans la signification du poème (1967 : 611). D'essence théologique chez certains (Lamartine, Claudel ou Péguy...), ces visions puiseront chez d'autres à la source de l'idéalisme (Baudelaire ou Jouve). Nul besoin d'invoquer un dieu pour entendre, par exemple, Rimbaud les nommer très clairement dans sa lettre dite *du voyant* : « Il [le Poète] arrive à l'inconnu, et quand, affolé, il finirait par perdre l'intelligence de ses visions, il les a vues ! Qu'il crève dans son bondissement par les choses inouïes et innommables... » (1972 : 251). Bien difficile de dire quelle métaphysique précise fonde cet ordre de représentations-là, auquel se rallie encore le surréalisme et, après lui, une part de la poésie contemporaine. Sans doute s'agit-il d'un arrière-plan chaque fois différent, *sui generis*, d'une de ces expériences des limites dont le poème a besoin comme d'un garant transcendantal pour asseoir sa position d'étrangeté face au langage. Innommable au cœur de l'aventure, il ne peut être saisi que sur des zones périphériques – celles des titres, des textes critiques, de la métapoétique affleurant au poème. Il y reçoit le nom d'*idéal*, d'*inconnu*, de *gouffre*, d'*arrière-pays* ou de *vrai lieu*. Transcendance sans théophanie, certes ; « mais, tout de même, transcendance, selon Jérôme Thélot, qu'il se peut donc qu'il faille dire faible, ou éthique, puisque l'exigence en est [...] articulée à l'expérience morale de la violence et de la mort, et qu'elle ne se convertit jamais en confession arrêtée » (1997 : 10).

La deuxième réponse place le langage au centre de la représentation : *ce que donne à voir le poème, ce serait le langage même*. L'attention est ici portée aux signes, à cette « nuit du *logos* » dont parlait Francis Ponge, et où se confondent « les choses et les formulations ». Une telle interrogation du langage n'est, elle, rien moins que métaphysique. Elle tient sa persistance, à travers les siècles, d'une croyance reconduite jusqu'à nous sous des formes diverses, mais toujours référée au *Cratyle* de Platon. Ce dialogue posait la thèse d'une motivation de la forme des mots par celle des objets qu'ils désignent, en s'appuyant sur une succession d'étymologies, fausses pour la plupart. Paul Claudel a tenté de reprendre à son compte ce « cratylisme » en fondant sa théorie du langage sur une relation intime et vivante entre les mots et les choses.

> Tout mot, dit-il, est l'expression d'un état psychologique procuré par l'attention à un objet extérieur. C'est un geste qui peut se décomposer en ses éléments ou lettres. La lettre, ou, plus précisément, la consonne, est une attitude sonore provoquée par l'idée génératrice qu'elle mime, l'émotion, le mot. Comme S, par exemple, indique une idée de scission, N, produite par l'occlusion de la voix, la langue de son bout venant s'attacher au palais, suggère l'idée de niveau intérieurement atteint, d'une déclaration de surdité, du refus dans une plénitude latente. (1967 : 196)

Dissoute la *croyance*, demeure l'idée d'une situation particulière du langage face à la mimésis. Mallarmé, le premier, définit avec précision cette position non pour revenir au cratylisme, mais au contraire pour justifier le poème comme une compensation à l'arbitraire du signe. Parce que la motivation du langage est une illusion, la poésie se fixe une tâche de motivation secondaire, ou de *remotivation*. Le vers « qui de plusieurs vocables refait un mot total, neuf, étranger à la langue et comme incantatoire » (2003 : 213) provoque la réminiscence de son objet en le baignant « dans une neuve atmosphère » : faisant apparaître la chose, il ne cesse d'y insinuer sa présence ; ou plutôt, la chose est devenue ce signe inouï qui sert à la dire.

Dès lors, le poème ne cessera plus d'interroger, de maintes façons, la relation des mots et des choses. Question qui vise moins, comme chez Michel Foucault, un contenu de sens, qu'un lien charnel dans la pratique de l'écriture. Comment les mots *tiennent-ils* aux choses ? Comment, selon quelles procédures et quels détournements nous les rendent-ils perceptibles dans l'acte poétique ? Soit comme absence, et pour ainsi dire, en creux, selon l'image mallarméenne ; soit comme présence pleine et restituée du monde, au contraire, pour peu qu'avec Ponge, on postule que « les choses sont, *déjà, autant mots que choses* et réciproquement, les mots, *déjà*, [...] *autant choses que mots* » (1971 : 23). Écrire, ce serait alors « faire *rentrer* l'un en l'autre : [...] n'y voir plus *double* ».

17 Que voit-on lorsqu'on lit un poème ?

Les arts se pensent et se vivent sur l'horizon que dessine l'universalité du processus mimétique dans les échanges humains. Ils y retranchent un espace singulier, où la mimésis présente des formes perturbées. Il s'en faut d'ailleurs que cette perturbation ait nécessairement la vocation d'une remise en cause, ou d'une contestation révolutionnaire. Troubler les procédés d'imitation, c'est aussi une manière de les explorer, de les accentuer, et finalement de les consolider sous de nouvelles formes. La poésie ne fait pas là exception. Ses œuvres réagissent d'abord à ce fait, que les mots nous portent auprès des choses. Qu'en signifiant, ils nous déplacent – et ce *transport* est le sens premier du mot *metaphora*. Les mots, n'imitant rien eux-mêmes, ne sont ainsi que les « métaphores » des choses et des représentations mentales qu'ils signifient. Comme toute métaphore, ils sont soumis à des phénomènes d'approximation et de déperdition. Cultiver ces phénomènes, les exploiter – les perturber – jusque dans leurs ultimes conséquences, et tenter par là de *vérifier* le monde de la représentation, d'en manifester la vérité : tel est l'objet de cette *prise au mot* du langage qu'on nomme poésie. Les procédés d'*obliquité* sémantique, dit Michael Riffaterre, « menacent la représentation littéraire de la réalité ou mimésis » (1983 : 12).

Lire un poème, c'est chaque fois refaire ces trajets du sens. C'est se déplacer entre dénotations, connotations et inventions. C'est éprouver l'instabilité des représentations : éprouver la représentation même comme un fait essentiellement instable, labile, proliférant ; comme le creuset de la fécondité du monde. Sans doute est-ce là ce qui nous y retient : que la fatalité de notre condition mortelle, de tout ce qui la dénonce et l'illustre dans l'ordre muet des choses, puisse se trouver soudain révoquée en doute. Rêves d'immortalité, visites aux morts, verts paradis, célébrations de la vie antérieure sont quelques-unes des figures variées de cette unique révocation à laquelle il nous semble que les jeux de la représentation poétique donnent lieu et acte.

Mais représentation tellement problématique qu'on doute si le préfixe itératif y recouvre encore quelque sens ; si on ne devrait pas plutôt parler, comme fit Péguy, d'une *présentation* accordée à une réalité toute neuve, qui déborde le connu tantôt par surenchère, tantôt... par défection. Le mot indiquerait la part de dévoilement inhérente à cette opération ; il dirait aussi la familiarité d'un geste qui consiste (ainsi qu'on dit *faire les présentations*) à inaugurer une relation et à la placer aussitôt sous les auspices de la bienveillance. Dans ce geste, les choses nous sont données à la fois comme vraiment étrangères à notre condition, et comme favorables. Présentées, elles nous sont *ré*-appropriées. Aussi consacrer un poème à l'huître ne revient-il pas à représenter l'objet. C'est d'abord, pour Ponge, par exemple, nous le rendre étrange : proposer qu'il soit vu à distance du langage, dans toute sa capacité de résistance et de claustration ; puis, d'un même geste, le rapatrier dans la langue en nous aidant à le voir et à l'ouvrir, à déplier ses sens, et nos sens en lui. Car ce qui est ouvert, dans ce mouvement, c'est autant l'huître que notre langue qui, pour exister comme langue, exige de l'être ; *l'huître s'ouvre dans l'ouverture de la langue en nous.* Le lecteur s'invite sous le « firmament » du circonflexe comme sous une coquille. Le voici abrité dans la parole, devenant ce qu'il voit, mieux que ne le lui permettrait la plus explicite des images visuelles ; parce que là, il trouve refuge en son parler propre, non dans la froidure des lieux communs, battus par tous les vents.

Ailleurs, la présentation se fera lacunaire ; elle opérera par réduction et par concentration, comme c'est si souvent le cas chez

Henri Michaux où, un objet isolé par le poème est bien vite épuisé dans le flux d'une parole qui semble elle-même surprise d'en venir à bout ; cependant que bientôt il refait jour, promis à une nouvelle démolition :

> Autrefois mes ennemis avaient encore quelque épaisseur ; mais maintenant ils deviennent filants. Je suis touché au coude (toute la journée je suis bousculé). C'est eux. Mais ils s'éclipsent aussitôt. (1998 : 472)

Ailleurs encore, la présentation épouse au contraire la forme d'un débordement. C'est le lieu de la réplétion et du lyrisme, où la langue s'avoue submergée par son objet, et l'objet envahi par ce qui le dit. L'ode, la salutation, un certain « Voici ! » de déférence et d'extase accompagnent le geste ritualisé de ce que la quatrième des *Cinq grandes odes* de Claudel nomme « l'invasion de l'ivresse poétique » (1967 : 263) :

> Encore ! encore la mer qui revient me rechercher comme une barque,
> La mer encore qui retourne vers moi à la marée de syzygie et qui me lève et remue de mon ber comme une galère allégée
> Comme une barque qui ne tient plus qu'à sa corde, et qui danse furieusement, et qui tape, et qui saque, et qui fonce, et qui encense, et qui culbute, le nez à son piquet,
> Comme le grand pur-sang que l'on tient aux naseaux et qui tangue sous le poids de l'amazone qui bondit sur lui de côté et qui saisit brutalement les rênes avec un rire éclatant ! (1967 : 263-264)

Ce qui est à voir, dans un tel poème, importe moins que ce qui y est à vivre. Tout le verset, arqué sur ses répétitions (*qui... et qui... et qui...*), plie la lecture, la soumet à une exigence participative ; et l'enchaînant de métonymie en métaphore (selon l'ordre *mer-barque-pur-sang*), la conduit à une sorte de possession, illustrée par l'image des rênes qu'on saisit *brutalement*, image qui culmine dans l'éclat de rire final. Moins à voir, donc, qu'à entendre ; et moins encore à entendre qu'à éprouver. De telles opérations, le mot *représentation* ne suffit manifestement pas à rendre compte. Car c'est cette participation et cette vie qu'il faudrait arriver à nommer. Cette conjonction *du* sens avec *les* sens. Que voulons-nous dire, en effet, lorsque nous situons le verbe *éprouver* au-delà de l'entendre et du voir ? Le texte de Claudel mobilise une sensorialité. Non pas un sens précis, mais le système sensoriel entier, dans la mesure où il instruit et construit le corps soulevé, le corps remué et allégé, le corps dansant, tapant, fonçant, et culbutant – bruits, chocs, visions entremêlés. On peut dire que le corps ballotté constitue le paquet sensoriel visé par le texte : les sens en paquet d'innervations et de vibrations sont le sens de ce texte. Ils en forment l'éprouvé, ou l'épreuve. On ne voit donc pas ici en quoi « l'art, comme le suggère Jean-Luc Nancy, force *un* sens à se toucher lui-même, à être *ce* sens qu'il est » (1994 : 42 ; je souligne). Plus généralement, on ne voit d'ailleurs pas lequel de nos sens la poésie viendrait isoler « pour le forcer à n'être que ce qu'il est, hors de la perception signifiante et utile ». Tantôt l'un, tantôt l'autre, sans doute. Quelquefois tous ensemble, et quelquefois aucun. Il y aurait là une particularité qui tiendrait au mode de représentation propre à la poésie.

Mais au vrai, de quel sens chaque art est-il l'isolateur ? La musique se ramène-t-elle exactement à l'« art des sons » qu'on dit ? Et la peinture, à l'art du visible ? Chacun sait au contraire qu'il y a à entendre dans le moindre tableau ; à voir dans toute musique ; et qu'en somme, ce qui est isolé par la différence des arts, c'est moins un sens qu'une certaine synthèse corporelle, selon les images particulièrement éloquentes que nous ont fournies Michaux et Claudel. Mais, plus loin dans son analyse, Jean-Luc Nancy convoque un texte de Deleuze qui éclaire d'une lumière étrangement précise ces exemples et la question qu'ils soulèvent :

> Entre une couleur, un goût, un toucher, une odeur, un bruit, un poids [...], il y aurait une communication existentielle qui constituerait le moment "pathique" (non représentatif) de la sensation. [...] Il appartiendrait donc au peintre de faire voir une sorte d'unité originelle des sens, et de faire apparaître visuellement une Figure multisensible. Mais cette opération n'est possible que si la sensation de tel ou tel domaine [...] est directement en prise sur une puissance vitale qui déborde tous les domaines et les traverse. Cette puissance,

c'est le Rythme, plus profond que la vision, l'audition, etc. [...]
C'est diastole-systole : le monde qui me prend moi-même en se fermant sur moi, le moi qui s'ouvre au monde, et l'ouvre lui-même.
(*Logique de la sensation I*, cité par Jean-Luc Nancy, 1994 : 46)

Voilà qui réalise ce que nous cherchions. Et peu importe que nous retenions pour notre compte le mot de « rythme », ou un autre. Ce texte cherche à nommer ce qui se tient au-delà du sens et des sens. C'est ce mouvement qui compte ; cette recherche d'un nom. Ce chemin de traverse sur lequel se rencontrent tous les arts, et qu'on doit retrouver par-delà l'aire sensorielle à laquelle on croit qu'ils nous confinent. Sur ce chemin, il n'est pas plus *à voir* dans une image que dans un poème. Ou plutôt, ce qui est à saisir, dans un cas comme dans l'autre, n'est pas de l'ordre du visible.

 ## Y a-t-il des poèmes sans visibilité ?

Il n'y a en effet pas d'image, à proprement parler, dans un poème. Pas plus d'image que dans une œuvre musicale. Pas moins non plus. Pas moins que dans une peinture (*ut pictura poesis*). Il n'y a que de la présentation. On y croit voir, parce que les mots sont attachés à des représentations de choses, à des idéations. Mais ce lien, le poème, justement, le défait. Il ramène l'itération (le *re-*) fixée par la mémoire, donnée par la langue, à un mouvement premier, d'en deçà de la mémoire et de la langue, un mouvement dans lequel les signes se saisissent juste avant qu'ils apaisent leur turbulence et se fixent dans un sens.

La relation au visible est donc tout autre chose que la confrontation à une image. Elle passe par une postulation d'invisibilité sur le fond de laquelle les objets peu à peu, partiellement, se détacheront ; mais de manière à n'être jamais complètement baignés dans la lumière du sens. On pourrait ici remplacer invisibilité par illisibilité ou insignifiance. Ces négatifs sont équivalents. Ils disent à leur façon le défaut essentiel d'où repart le poème, et avec lui la langue mise en état de poésie, qui est d'abord le défaut de vision.

Un ne-pas-voir se tient au cœur du poème, comme dans ce tercet de Christian Guez Ricord :

Une origine dans le noir
J'ai hâte d'y prononcer Ton nom
Sans Te voir.

Le nom se prononce en effet dans le noir. Sans doute (la majuscule le laisse entendre), faut-il reconnaître dans ce *noir* l'espace aveugle où la poésie et la mystique se côtoient. (« Le sens poétique a plus d'un point commun avec le sens mystique », disait Novalis ; 1992 : 201.) Mais, hors de cette perspective même, l'impatience de *prononcer* dans l'invisible peut être lue comme la condition du poétique. Or, pour que cet invisible ait lieu, il faut que la pulsion scopique inscrite dans le langage continue à agir. Elle le fait sur deux plans : à travers les mots eux-mêmes, qui naturellement persistent dans leur procès d'idéation, quelles que soient les torsions syntaxiques auxquelles ils sont soumis ; et à travers l'apparence du poème, qui valorise la visibilité des signes (voir question n° 29). C'est à partir de ce visible persistant que le poème travaille à l'avènement d'un visible occulté. Dans « Une vie de chien », Michaux met en scène ce travail sous une forme allégorique :

Je ne laisse pas un mot dans son sens ni même dans sa forme.
Je l'attrape et, après quelques efforts, je le déracine et le détourne définitivement du troupeau de l'auteur. [...]
Parfois, certains mots restent comme des tours. Je dois m'y prendre à plusieurs reprises et, déjà bien avant dans mes dévastations, tout à coup au détour d'une idée, je revois cette tour. (1998 : 470)

Éprouvant labeur, en effet, pour celui qui entend abattre le pays et les paysages de la langue par les moyens de la langue. Mais que se passe-t-il ici, sur le plan du visible ?
Les mots-phénix renaissent de leurs ruines. Cette rémanence contient le secret de l'opération poétique : violence destructrice exercée à l'encontre des mots afin que, demeurés eux-mêmes encore, ils nous fassent éprouver leur naissance. Venue de soi à soi ; effacement-métamorphose-retour. La poésie ne s'intéresse

pas à des images mais à des dynamiques de langue. Non pas au tout-autre, mais au même-autre, au *même-tout-autre*. Du point de vue de la réception, ces oscillations déterminent deux plans de lecture toujours actifs, et qui interfèrent. Car si la pulsion scopique inhérente au langage continue à agir, le procès du déchiffrement en passe d'abord par la reconnaissance de la mimésis. Première lecture que Riffaterre appelle *heuristique*, et qui consiste à suivre le déploiement du poème, à établir les connexions d'usage entre les mots et les choses pour saisir quelque chose qui ressemble à un *sens*. La deuxième lecture, elle, est dite *herméneutique*. « Au fur et à mesure de son avancée au fil du texte, le lecteur se souvient de ce qu'il vient de lire et modifie la compréhension qu'il en a eue en fonction de ce qu'il est en train de décoder » (Riffaterre, 1983 : 17). Une nouvelle présentation de l'objet se dessine, dont il comprend qu'elle n'a qu'un rapport allégorique avec ce que livrait la première lecture. Riffaterre donne le nom d'*agrammaticalité* aux phénomènes par lesquels un objet linguistique impossible est produit par la langue (poétique). Or de tels phénomènes ne retentissent pas seulement sur le plan linguistique ; ils correspondent à une agrammaticalité générale, une agrammaticalité cosmique sans laquelle ils demeureraient irrecevables. Appelons *défiguration* l'ensemble de ces phénomènes qui portent à la fois sur la langue et sur la mimésis, et le principe qu'ils décrivent.

19 Qu'est-ce que la défiguration poétique ?

André Du Bouchet parle de Giacometti. C'est dans un opuscule qui a pour titre *D'un trait qui figure et défigure*. De Giacometti, Du Bouchet retient cette idée (est-ce une *idée* ?) – ce savoir, ce constat, cette évidence : que le

> trait d'une annulation en cours dont toute figure vivante se voit frappée – signe de l'ouvert qui défigure – nous l'aurons tenu, avant de nous reconnaître en elle, et de même qu'elle dans l'air, pour une étrangeté. (1997 : 10)

Mais, grâce au peintre, nous savons désormais nous reconnaître dans toute figure vivante frappée par ce *trait d'annulation*, qui n'est autre que le cheminement de la mort. Connaissance – presque au sens claudélien – de notre propre mortalité, donc, que nous tenons de ce miroir tendu au-devant de nous : les œuvres de la peinture. Mais d'où leur vient ce don de lucidité ? D'un signe, en elles, de défiguration, comme « soudain la forme de la montagne qui par coup de vent se délivre en nuage » (1997 : 13). Ce qui nous trouble, ici, c'est que le signe de la mort soit aussi un signe d'allègement et de délivrance : que le trait d'annulation qui frappe la montagne ne la réduise pas en néant, mais en nuage. Du Bouchet nous aide en effet à comprendre que la défiguration ne signifie pas seulement violence et destruction ; qu'elle sait être aussi déplacement, reconfiguration : métamorphose, anamorphose... « Ce que suggèrent [...] nombre d'écritures modernes, note Évelyne Grossman, c'est que la *défiguration* est *aussi* une force de création qui bouleverse les formes stratifiées du sens et les réanime » (2004 : 7). Défigurer, ce serait alors *délivrer* les choses de leur figuration, les rendre à une existence mobile qui remplace en elles l'affirmation d'être par un questionnement d'être. Évelyne Grossman reconnaît dans la défiguration deux traits fondamentaux : « D'abord une mise en question inlassable des formes de la vérité et du sens. Ensuite, et conjointement, *une passion de l'interprétation* » (2004 : 9). Il y a défiguration en puissance dans le regard que le poète et le peintre portent respectivement sur les choses (ce que dit Giacometti). Il y a défiguration aussi (seconde ?) dans celui que le poète (Du Bouchet) porte sur le travail du peintre (Giacometti). Et, parmi les multiples relations que la poésie entretient avec le visible, il faut accorder une attention particulière à ce regard-là, pour ce qu'il a d'exemplaire dans son redoublement même. N'avons-nous pas affaire, en effet, à une sorte de défiguration, chaque fois que la poésie vient arracher à la peinture quelque lambeau de son voir pour se l'incorporer ? Le fait est fréquent, et une étude de Martine Créac'h vient de nous le rappeler, qui montre comment Du Bouchet, Bonnefoy, Jaccottet et Char s'emparent de l'œuvre de Nicolas Poussin pour en faire tout autre chose que ce qu'en dit, par exemple, l'histoire de l'art (2004). Ainsi, chaque fois, il faudrait examiner comment l'objet pictural se trouve défiguré par et dans l'écriture ; comment, inversement, l'écriture est elle-même défigurée par cette ingestion ; comment elle *s'altère* (un autre mot pour *défigurer*), comment elle devient autre sans cesser d'être elle-même, puisque l'objet adverse n'est choisi qu'au nom d'un effet de reconnaissance, et donc d'identité occulte. Ce que révèle la défiguration, c'est cette parenté secrète qui unit des pans de réalité très distants ; cette communauté à travers des temps et des espaces parfois très éloignés ; c'est le réseau caché d'une prolifération possible et infinie des mondes, qui fonde la communication des arts entre eux.

 Quels sont la place et le rôle de la défiguration dans la poésie ?

La situation très singulière à laquelle se trouve confronté celui qui écrit en poésie aujourd'hui (et cet aujourd'hui est peut-être à penser depuis Mallarmé), c'est celle d'un homme qui entend rendre une fois encore leur liberté aux signes, et qui, pour ce faire, ne dispose pas d'un autre instrument que celui-là même qui partout sert à les asservir la convention, la stéréotypie, le lieu commun.

C'est pourquoi les grandes voix de la modernité se tournent si fréquemment vers d'autres médiums pour altérer le leur : Beckett, qui sort du livre par le film, par exemple ; Michaux, qui s'en évade par le dessin ou la mescaline. On peut encore songer à deux figures opposées de cette défiguration, deux grands fauteurs de la défiguration poétique moderne : Artaud et Ponge. C'est eux que nous suivons pour tenter de comprendre la fonction du *défiguré* dans l'écriture poétique moderne.

Préparant, à l'automne 1947, l'émission radiophonique de *Pour en finir avec le jugement de dieu*, Artaud prend possession d'un outil qui n'est certes pas nouveau pour lui (il a déjà fait beaucoup de radio avant guerre), mais dans lequel il va si bien attirer la poésie écrite qu'il s'apprête à lui donner un visage inconnu, et proprement, à la défigurer. Scandalisé par l'interdiction qui sera finalement opposée à la diffusion de l'enregistrement, Artaud adresse au directeur de la Radiodiffusion, le 4 février 1948, une lettre dans laquelle il explique son projet.

Cette lettre dit en gros deux choses : la première, c'est que son texte entendait rompre avec la poésie « digestive » ; qu'il voulait au contraire « une œuvre neuve et qui accrochât certains points organiques de vie, une œuvre où l'on se sent tout le système nerveux éclairé comme au photophore avec des vibrations, des consonances qui invitent l'homme À SORTIR » (1974 : 91). Le second propos semble, à l'inverse, amoindrir le caractère scandaleux du texte : « la gloire corporelle n'est possible, dit-il, que si rien dans le texte lu n'est venu choquer, n'est venu tarer cette espèce de volonté de gloire » (1974 : 92). Contradiction apparente que la suite de l'argumentation très serrée résout ainsi : « oui, il y a des mots violents, des paroles affreuses, mais dans une atmosphère *si hors la vie* que je ne crois pas qu'il puisse rester à ce moment-là un public capable de s'en scandaliser. » Autrement dit : ce texte « *hors la vie* » est incapable de susciter le scandale ; mais sa « gloire » lui permet de rencontrer le désir partagé par tous d'« un changement CORPOREL de fond ». Artaud se souvient naturellement de certains de ses textes plus anciens, ceux du *Théâtre de la cruauté*, écrits dans les années 1930. Mais le *Jugement de dieu* n'est ni un texte de théâtre, ni une pièce radiophonique. Et, dans sa lettre de défense et illustration, Artaud décrit exactement un acte de défiguration. Car sa parole ne se tient *hors la vie*, on le sait bien, qu'à la faveur d'une diction, d'une *émission* de voix tout à fait extraordinaire ; il faudrait d'ailleurs plutôt parler d'une expulsion quasi humorale, d'une *sortie* (c'est son mot) qui, par le long détour des ondes, rejoint l'épaisseur du corps, le système nerveux, la vie des profondeurs organiques, pour travailler à une réinterprétation du monde : « le dernier bougnat doit comprendre qu'il y en a marre de la malpropreté – physique, comme physiologique... » La *défiguration* est donc représentée par cette expulsion ; la mise en acte *ici et maintenant* d'une parole abrupte, qui rompt l'ordre des choses autant par ce qu'elle dit que par l'altération physique qu'elle traduit. Faire irruption dans le continuum radiophonique, c'est évidemment attendre la voix collective

La défiguration à laquelle nous initie Ponge est d'un autre ordre. Moins spectaculaire. Tout aussi radicale. Il s'agit pour lui d'interroger les indicateurs linguistiques de personne sur lesquels s'appuie son discours. Lorsqu'il écrit notamment les avant-textes du *Pour un Malherbe*, se pose à lui la question de l'instance *je*. Le livre a déjà souvent glissé du *je* au *nous,* dans une indistinction qui tend à confondre le sujet Ponge et les diverses communautés qu'il forme tantôt avec son lecteur, tantôt avec sa génération (« Nous, pourtant, notre situation n'est pas la même » ; 1965 : 24), avec la France, avec l'humanité entière... Mais, aux deux tiers de l'entreprise, la nécessité de distinguer se fait sentir comme l'un de ses enjeux majeurs : « puisque tu me lis, cher lecteur, donc je suis ; puisque tu nous lis (mon livre et moi), cher lecteur, donc nous sommes (Toi, lui et moi) » (1965 : 203). Puis, quelques pages plus loin, cette fois un texte long et décisif sur la question de cette distinction :

> Il m'est devenu parfaitement impossible, depuis quelque temps, d'employer le *je* [...] Peut-être est-ce que l'aveu d'être une (une seule) personne, me semble insuffisant pour maintenir de l'autorité à mes proférations ? Toujours est-il que la profération de ce que j'ai à dire me semble exiger maintenant le *nous.* J'ai le sentiment d'une sorte d'isolement, d'être seul de mon avis et de mon parti. Il me semble d'ailleurs tout naturel qu'il en soit ainsi. J'ai le sentiment que les autres ont raison de n'être pas de mon avis, de n'être pas moi et de ne pas m'accepter tout entier. J'ai donc le sentiment de ma particularité, de ma différence. J'ai la certitude aussi qu'on m'écoute. Je suis presque assuré de la publication de ce que j'écris. (1965 : 207-208)

Or Ponge suit ici, par des voies très différentes, un cheminement comparable à celui d'Artaud : du sentiment de sa particularité naît la certitude d'une expulsion hors de soi. Autrement dit : c'est parce que je suis seul à dire ce que je dis que quelque chose comme une « œuvre » peut se constituer. « Je conçois mes écrits comme détachés de moi [...]. J'ai l'impression qu'il s'agit de fragments de la littérature française vue objectivement ou historiquement. Je me parais donc trop mince pour ce rôle, si bien que, parlant au nom de la littérature entière, je dois employer le *nous* » (1965 : 208). Autrement dit encore : c'est parce que *je* me défigure que se configure une œuvre et un *nous.*

Qui désigne en effet ce *nous* ? À l'évidence, plus qu'un *je* personnel, et autre chose que la communauté du « peuple », ici couverte d'opprobre. Une collectivité à inventer – et ce sera, entre autres, le travail du *Pour un Malherbe* : « une aristocratie des esprits-qui-ont-le-sentiment-de-leur-aristocratie », dira plus tard Ponge ; c'est-à-dire un public au sens particulier de cette société utopique que les œuvres, et ici d'abord les œuvres poétiques, ont à charge de configurer. Ponge, on le voit, est en cela fort proche d'Artaud. L'un dit : « Il nous faut former à la fois notre œuvre et le public qui la lira. » L'autre, de manière plus analytique : « jamais émission ne fut ATTENDUE avec plus de curiosité et d'impatience par la grosse masse du public qui n'attendait justement que cette émission pour se *composer* une attitude en face de certaines choses de la vie » (je souligne ; 1974 : 94). Former un public, c'est donc cela : composer une figure d'attente ; mais non pas celle d'un objet défini : cette sorte d'attente particulière inspirée par le fait que les choses (« la vie ») soient précisément dénuées de toute attente. L'un parle de ces partis « qui nous demandent de mourir à nous-mêmes » (1965 : 24) ; l'autre annonce « que nous ne vivrons pas ainsi éternellement entourés de morts et de la mort ».

De deux choses l'une : soit le poète accepte son sacrifice, et alors les « langages d'uniformité » triomphent. Soit c'est le langage sous ses formes socialement fétichisées qui est sacrifié, et le poète prend place parmi le peuple de vivants qu'il a ainsi contribué à configurer.

V

LA MATIÈRE ET LA FORME DU POÈME

21 *La poésie narrative a-t-elle disparu de nos préoccupations, et le fil de compréhension narrative du poème est-il à jamais perdu ?*

S'il nous était donné de considérer l'histoire de la poésie en langue française dans sa totalité, de Villon à nos jours, l'une des cassures les plus radicales, quoique les moins souvent nommées, tout aussi sensible en tout cas que l'abandon du vers mesuré et de la rime, concernerait sans doute la perte de la veine narrative.

Difficile de situer avec précision cette cassure, et il est probable qu'elle travaille, comme toutes les grandes ruptures anthropologiques, sur plusieurs plans du temps dont il conviendrait d'étudier le feuilletage quasi géologique. Et pourtant, la visibilité et la proximité du phénomène, son évidence éclatante aux portes mêmes du siècle à peine achevé, ne laisse de désigner quelques grandes œuvres emblématiques qui tendent à faire coïncider la coupure en question avec l'avènement même de la « modernité ». Quelque chose de cette coupure passe, par exemple, entre le récit-fleuve de *La Fin de Satan* de Hugo (1860) et « Les litanies de Satan » (1857), bloquées sur leur invocation répétitive, chez Baudelaire. Poésie moderne, donc : celle qui ne raconterait *plus* ; ou du moins qui, sous l'apparence narrative, enveloppée dans les oripeaux de l'ancien récit, le dénoncerait comme une sorte de naïveté, ou d'enfance de la conscience poétique.

Ce récit, faut-il pour autant considérer qu'il a déserté notre horizon ? Salah Stétié, posant la question, fait remarquer qu'« il existe en langue française deux textes fondateurs de la poésie moderne qui, curieusement, sont tous les deux à leur façon des récits : l'un, on l'aura deviné, est *La Chanson du Mal-Aimé* d'Apollinaire, l'autre, bien qu'en prose, est un superbe poème : *Nadja* d'André Breton » (1995 : 16).

On pourrait étendre le champ des contre-exemples. En direction de la prose poétique, d'une part, et notamment aux *Chants de Maldoror* qui réservent, on le sait, un rôle essentiel au récit. Il en va de même pour certains textes au statut générique composite comme *Ecuador* de Michaux, ou, plus près de nous, ces constructions de prose et de poésie dont Jacques Réda a le secret. Mais les récits ne manquent pas non plus du côté des poèmes eux-mêmes, dans une tradition qui irait, par exemple, de Jean Follain à Jacques Réda ou Dominique Pagnier. Il serait donc assez faux d'identifier le XXᵉ siècle à une histoire de la fin du récit en poésie. Ce qui s'est bel et bien perdu, en revanche, c'est l'épopée, ou plutôt, le goût du *continu poétique* tel qu'il anime encore la veine épique du romantisme.

Les raisons de cette perte sont complexes, et on ne saurait, sans approximation, les réduire à un simple phénomène d'étiolement intérieur. En réalité, l'épopée, genre du flux narratif par excellence, a très tôt posé le problème de sa fragmentation en épisodes. Depuis Aristote, les théoriciens y ont vigoureusement condamné l'« épisodisme », nuisible à sa compréhension, en insistant sur la nécessité d'une action centrale et « qui forme un tout » (1980 : 63, 67, 119). L'unité de l'action et du temps épiques doit ainsi venir compenser la complexité épisodique.

Dans le même sens, certains poètes situés, eux, aux antipodes du genre épique, disent leur hantise des collections disparates. C'est Pétrarque qui, en marge d'une rédaction achevée de son manuscrit du *Canzoniere*, exige *hac in ordine transcribere* (« à recopier dans cet ordre »). C'est Baudelaire réclamant, pour *Les Fleurs du mal*, l'éloge de la composition. Ou encore T. S. Eliot éclairant le plan de *The Waste Land* par le déroulement de la légende du Graal.

Nous voici donc confrontés à deux concepts analytiques : l'un générique, *le récit*, l'autre esthétique, *la discontinuité*, auxquels le poème offre un espace critique en mettant en question leur combinaison même. Or ces deux catégories intéressent de près la lisibilité du poème. Non que l'une ou l'autre, ou les deux ensemble, décrivent les conditions idéales de sa réception. Mais parce que, dans le poème (et ce, sans exception d'époque), elles entrent en tension, et viennent à se contredire : le récit, par la brièveté et la fragmentation ; la discontinuité, par l'unité d'un récit latent.

L'un des poèmes d'*Amen*, de Jacques Réda, s'intitule justement « Récit ». En quoi, comment peut-il se montrer fidèle à son titre ?

Récit

Souterrain de l'amour : une clarté divise
L'ombre comme une épée qui fend l'étoffe d'une robe.
Celui qui vint, brandissant une torche,
Portait la cruauté d'enfance en son visage
Massif et couronné de furieuses boucles.
(Au matin elle s'éveilla, sureau brisé ;
Le gris du jour noyait la rage de ses yeux ;
Elle étendit le bras sur un désert de cendres :
La forêt,
La forêt dans la nuit avait brûlé,
La bourrasque arraché les hauts murs de sa chambre.) (1968 : 23)

Qui est *celui qui vint* ? Qui est celle qui *s'éveilla* ? Nul ne sait, et cette ignorance est condition de poésie. Pourtant, quelque chose se passe ici que le texte narre en recourant aux moyens les plus canoniques du récit : usage du passé simple, succession d'actions, entités subjectives distinctes et liées par une dramaturgie... Les premiers mots suggèrent d'ailleurs assez précisément la teneur de cette narration : *souterrain de l'amour* évoque à la fois un lieu souterrain (caché, interdit, donc violent et transgressif) dans lequel fut accompli l'acte amoureux ; et ce souterrain comme métaphore de l'acte même. Chaque élément du récit sera dès lors rapporté à ce noyau central comme autant de dérivations, ou de variations, construisant clairement la scène d'une déchirure (*une épée qui fend l'étoffe d'une robe*), d'une violence (*cruauté, furieuses boucles*) et finalement d'une irrémédiable violation de nature sexuelle. Certes, on pourrait s'en tenir à une telle lecture ; et le « récit » dirait assez, sous son voile allusif, le caractère dévastateur de ce qui s'accomplit dans ce souterrain. Mais en quoi s'agirait-il de poésie ? On a dit que l'imprécision en était la condition. Une particularité distingue en ce sens l'événement présenté : que l'essentiel n'y est pas accompli par des personnes, mais par des puissances. Tout, en vérité, tient en cette double métaphore d'*une clarté* qui *divise l'ombre*, et d'*une épée qui fend l'étoffe d'une robe*. Deux allégories pour dire une seule et même chose soudain diffractée, démultipliée à la fois sur le plan des essences lumineuses (cosmiques ?) et sur le plan de l'intimité. Si bien que les deux protagonistes personnels de la scène semblent être agis plus qu'ils n'agissent. En eux, des signes travaillent, comme ces *furieuses boucles*, ou ce *gris du jour*, qui les dépossèdent de toute initiative, et les apparentent à des fantômes, ou à des somnambules. Que nous raconte-t-il donc, ce récit, où les maîtres réels sont la lumière et la bourrasque, où les agents humains ne sont que les pâles, les lointains souvenirs d'un récit antérieur ? Nul doute qu'il nous parle de la fureur du monde ; de cette violence sans parole, qui traverse les ombres de nos récits familiers. Tout se passe en somme comme si, cette histoire maintes fois reprise de l'homme et de la femme à l'instant le plus sombre de l'amour, le poème la déchiquetait ; comme s'il nous en offrait une version elle-même déchirée, pour y toucher une vérité plus profonde – ce que j'ai appelé plus haut un *récit latent*.

22 Qu'est-ce qu'un « récit latent » ?

La forme d'un texte s'édifie dans le parcours de la lecture. Mais il est difficile d'invoquer, à propos du poème, les principes de construction reconnus d'ordinaire pour la lecture du récit (voir, à ce sujet, Tz. Todorov, 1971-1978 : 175-188). Le critère de référentialité, en particulier (sous quelles conditions une phrase du poème est-elle référentielle ?), qui ordonne notre représentation mentale dans le cas du roman, perd ici la pertinence que lui donnait la prose. Comment se *construit* donc un poème, dans l'esprit du lecteur ?

Michel Charles a étudié le bénéfice que certaines œuvres (*Les Chants de Maldoror*, par exemple) tiraient du congédiement liminaire du lecteur, dans l'ordre de la lecture même (voir Michel Charles, 1977) : « Âme timide, écrit Lautréamont au seuil des *Chants*, avant de pénétrer plus loin dans de pareilles landes inexplorées, dirige tes talons en arrière, non en avant » (*Les Chants de Maldoror*, I, III). En effet, la résistance du signifiant sous toutes ses formes – ce que Valéry nommait « les vaines défenses de l'expression » – contribue efficacement à l'édification du poème, et à son pouvoir de totalisation signifiante. Il ne manque pas de poètes pour témoigner que la construction tient même un rôle dans l'élucidation d'un secret personnel, dans l'accomplissement d'une sorte de lecture intime. André Frénaud montre par exemple, avec précision, tout ce que peut engager, pour l'auteur, la mise en ordre de pièces éparses. Il explique ainsi le rapprochement dans un même recueil de deux ensembles poétiques composés par lui (*Poèmes de dessous le plancher* et *Poèmes du petit vieux*) dont le second conteste « une certaine image de l'homme et une conception de la poésie que le premier [lui] semble donner » (1968 : 251). De fait, conclut-il, « la composition du livre [permet] de faire apercevoir quelque chose des géographies secrètes d'un labyrinthe personnel » (1968 : 252). Ainsi, la notion de composition nous renvoie, du côté de la lecture comme du côté de l'écriture, à l'expérience d'une *forme latente*, reconnaissable (mais non nécessairement) par le lecteur, reconnue (mais pas toujours) par le poète lui-même, comme le récit intérieur du livre de poèmes : ce qu'on aimerait appeler, en empruntant le mot au titre d'un recueil de Jacques Réda, son *récitatif*. Quelle différence, entre le récitatif du poème et n'importe quelle forme de récit ? Voici une comparaison qui peut l'éclairer.

On lit, dans le roman de Virginia Woolf *La Promenade au phare*, cette évocation d'un événement singulier qui, par grâce narrative, contribue à l'exposition d'un monde. C'est au moment où la maison familiale, abandonnée de tout occupant humain, continue à vivre, des années durant, de la vie calme et silencieuse des choses :

> Une seule fois une planche sortit de sa place sur le palier ; une fois au milieu de la nuit avec un fracas de rupture, un pli du châle se

défit et se mit à se balancer, comme on voit, après des siècles d'immobilité, un rocher s'arracher à la montagne et se précipiter dans la vallée en écrasant tout sur son passage. Puis, de nouveau, la paix s'établit... (1973 : 438)

Voilà un événement minimal auquel le contexte de délaissement général confère une dimension exorbitante. Que fait ici le récit ? Nommant le surgissement d'un désordre, et avec la puissance hyperbolique dont est capable la métaphore, il le restaure finalement dans l'ordre d'un monde construit : le châle se déplie *une fois* ; l'événement peut être affecté d'énormité : il n'en est que plus aisément réintégré dans le « puis » de la paix recouvrée. Entre les deux, le monde du châle s'est construit, qui est appelé à durer. Une durée non pas chronologique, mais hors du temps ; celle de la permanence des symboles : le récit fait ainsi de l'événement minuscule une allégorie de tout événement ; s'y trouvent soudain cristallisées sa force aveugle et destructrice, sa valeur de fatalité : dans l'infime, qui est la dimension du signe, se concentre une charge allégorique capable de refléter une totalité. « Ce qui est à comprendre dans un récit, dit Paul Ricœur, ce n'est pas d'abord celui qui parle derrière le texte, mais ce dont il est parlé, la *chose du texte*, à savoir la sorte de monde que l'œuvre déploie en quelque sorte en avant du texte » (1986 : 68).

Cet exemple nous place bien sûr tout près de la poésie. Quelques années avant la parution du roman de Virginia Woolf, Pierre Reverdy publiait *Les Ardoises du toit* où figure ce poème intitulé « Soleil », dont l'événement entretient une étrange parenté avec celui qui vient de nous occuper :

Quelqu'un vient de partir
Dans la chambre
Il reste un soupir
La vie déserte

Même scène de désertion, dirait-on ; même rémanence d'une vie sans vie, même sursis inscrit dans les choses. Et surtout, même totalisation que dans la page de Woolf, obtenue ici non par la métaphore, mais par l'amphibologie : nul ne saura jamais, en effet, si *déserte* doit être compris comme un adjectif ou comme un verbe ; et cette oscillation du sens est le soupir même qui demeure dans la chambre du poème. Toutefois, entre les deux énoncés, au demeurant si proches, une différence considérable s'impose : quand le texte romanesque prenait place dans un ensemble vaste constitué par le triptyque de *La Promenade au phare*, celui de Reverdy, au contraire, brille d'une sorte de solitude décontextualisée. Son milieu, à lui, n'est autre que l'ensemble des poèmes qu'il côtoie dans le recueil. C'est un contexte générique et non référentiel. Ainsi, l'événement que nomme le poème est redoublé, au plan formel, par l'événement du poème lui-même. Dans le cosmos figuré par le recueil, ou le livre de poèmes, chaque unité constitutive, chaque vers, par sa puissance ruptive, introduit le déséquilibre dans les forces en présence.

Le récitatif, c'est ce récit particulier qui montre l'événement en train de se dire, qui désigne en lui l'acte même de la narration : le *récit du récit*, en somme – conformément d'ailleurs à l'un des sens du fréquentatif. Isoler un événement, l'exhiber dans cette solitude qui rompt ses attaches causales et consécutives, ainsi que fait le poème, c'est du même coup mettre à nu l'acte par lequel il est porté à notre connaissance ; le révéler, donc, de telle manière qu'aussitôt l'événement *et* son dire deviennent indistinctement ces petites entités sans antécédent ni conséquent, qui éclairent d'une lumière lointaine – dubitative, dérisoire, attendrie ou mélancolique selon les cas – tous les discours régnants.

 Quelle relation y a-t-il entre le « récitatif », la construction et l'intellection du poème ?

Le moindre dispositif poétique nous en apprend autant sur l'usage ordinaire du langage que sur les formes de l'événementialité ; il met indirectement au jour les multiples et douteuses collusions que l'histoire tisse à chaque instant entre des mots, des actions et des représentations. Le récitatif du poème a donc pour vocation de destituer le récit du monde, « l'universel reportage », dit Mallarmé (ce médium intarissable à travers lequel notre présent s'incarne en une suite de péripéties), et ce, par des moyens empruntés au récit lui-même. Mallarmé commente ainsi son *Coup de dés...* : « *La fiction affleurera et se dissipera*, vite, d'après la mobilité de l'écrit... Tout se passe, par raccourci, en hypothèse ; *on évite le récit* » (1998 : 391 ; je souligne). Mais, ainsi ruinée la créance du récit, la fiction est appelée à se reconstruire autrement, et sur d'autres fondations : c'est là tout le travail de la forme, dont Pierre Jean Jouve a montré, dans une page majeure de *En miroir*, qu'il s'appuyait sur la pensée de notre finitude. L'inconscient, dit-il, « joue avec la mort » entendue comme « sens de la fin ». Il faut comprendre qu'il existe une étroite relation de dépendance entre le sujet désirant, l'élection d'un objet, par exemple, ou l'invention d'une forme, et le sens de la fin. « Il n'est pas rare, ajoute Jouve, que furtivement nous n'ayons plaisir à "mourir", nous réjouissant de devoir finir, et par là faire quelque chose de notre vie, achever sa forme » (1954 : 102). L'artiste est précisément celui « qui pense la mort de façon active et sait l'utiliser [...] celui qui met sa mort en valeur ». Si l'on comprend bien ici le propos du poète, l'art – et pour Jouve, naturellement, la poésie en premier lieu – consiste à convertir la pensée de notre finitude en une forme. Conversion qui, dans une tradition baudelairienne, oriente l'objet ainsi ressaisi du côté de la vie, l'affecte de beauté, sans pour autant lui faire oublier sa source mortelle (« Je suis belle, ô mortels ! comme un rêve de pierre... » ; Baudelaire, « La beauté », 1975 : 21).

Entrer dans un poème, si approximative, si incertaine que soit encore la démarche, c'est donc entrer dans cette dialectique d'un récit perdu et d'une forme en train d'advenir ; accepter de rompre avec les attaches sémantiques qui sous-tendent notre vision prosaïque du monde, pour ressaisir le sens sur un autre plan, dans une autre configuration des choses. Ce plan, on lui a donné plus haut le nom de *récit latent* ou de *récitatif*. Il n'est pas aisé de le décrire ni de le situer, en raison de cette latence même. Jouve y voyait le champ d'expression de l'inconscient : à propos du *Wozzeck* de Berg, il écrivait :

L'œuvre manifeste une accumulation de formes, une vraie pyra-
mide ; c'est une invention formelle tyrannique et continue, située
au plus près de l'inconscient dramatique ; elle s'arrange aussi pour
que les formes complexes rentrent dans les élémentaires, s'y per-

dent et y deviennent invisibles. Ce sera donc à notre inconscient d'enregistrer et de répondre, d'absorber les formes et de les rendre en émotion, ce qu'il fait parfaitement bien devant la scène au théâtre. (1954 : 104)

Cette identification peut au moins orienter notre questionnement. Car, comme dans la musique de Berg, au cœur de l'intellection poétique gît cette forme à entendre comme une voix des profondeurs de la psyché, le chant de « la masse obscure de nos instincts » (103). Il y a là un trajet à reparcourir sans cesse, si l'on en croit Jouve, entre le sentiment de finitude et la plénitude heureuse de la forme donnée. Un tel parcours n'emprunte pas les circuits ordinaires de la compréhension, et tout d'abord parce que le compte tenu des formes suppose un déplacement de notre attention.

24 Comment appréhender le sens de la forme dans le poème ?

Nous aimerions parfois lire un poème comme nous regardons un tableau, ou comme nous faisons le tour d'une sculpture : habités par la confiance en un espace sans doute énigmatique, du moins clairement circonscrit. Et certes, le poème s'offre de bonne grâce à nous rassurer. Les quatorze vers du sonnet au milieu de leur page, après tout, ne présentent pas une icône bien différente de cette petite aquarelle, là, que cernent ses marges blanches. Certains poètes ont exploré cette parenté, et Apollinaire donna le nom de « calligramme » au dispositif par lequel le poème prend la forme d'un dessin. Les peintres, de leur côté, n'ont pas manqué d'annexer à maintes compositions des fragments de texte (voir Michel Butor : 1969), et ces passages d'un art à l'autre témoignent au moins d'une attitude esthétique courante, face au poème : la conscience de son être-visible, de sa picturalité.

L'idée d'un *espace* du poème ne va pourtant pas sans soulever au moins deux questions. Celle-ci, d'abord : en quoi cette idée est-elle compatible avec la linéarité de la lecture ? Soit on regarde le calligramme, soit on le lit. De croisements entre les deux perceptions, il ne peut en exister que successivement, donc dans l'ordre du temps, d'où tout espace est exclu autrement que comme souvenir. Lorsque je contemple un poème-calligramme, le fait que les traits du dessin soient aussi des lignes écrites vient s'ajouter à ma perception comme l'aura d'un souvenir, précisément, ou comme un bain sémiotique, nullement comme un effet de sens. Rien n'est *à comprendre* dans ce supplément ; rien d'autre que le sourire d'un ludisme raffiné, ou, avec le recul du temps, la marque d'une époque, la signature d'un poète bien connu, voire l'autodésignation d'une œuvre singulière. Quant à la tentative de recevoir le texte sur deux dimensions, de créer une lecture spatialisée, elle échoue.

La seconde question est plus problématique encore. Quel rapport y a-t-il entre l'espace visible et l'espace « intérieur » construit par la lecture ? L'analyse des poèmes nous a rendus sensibles aux analogies entre le dispositif textuel et l'ordre du signifié. Ainsi, nous savons bien que le dessin de

La cigale, ayant chanté
Tout l'été...

ne serait pas le même si cet « été » avait simplement parachevé le premier vers de la fable. Pourtant, il ne s'agit là que d'une analogie, fondement d'une possible métaphore (le vers s'interrompt *comme* le chant de la cigale) ; nullement d'une communauté d'essence. Ce qui distingue les deux espaces, c'est que le premier se donne d'emblée tout entier, tandis que l'autre advient au terme d'un processus ; et qu'en somme, l'être physique du poème constitue tout au plus l'un des éléments qui entrent dans ce processus. Rendre compte d'une expérience poétique, c'est donc d'abord faire droit à la distinction de deux espaces incommunicables entre eux.

Mais si l'espace signifié du poème se présente à nous comme un processus, c'est alors qu'à l'instar du discours musical, le poème se construit dans, et avec le temps. Il faut en effet du temps pour lire un poème ; puis encore du temps pour le relire, puisqu'à la relecture, à de multiples relectures successives seulement nous apparaîtront certains liens, certaines constellations qui d'abord nous échappaient. Ce temps lui-même produit du temps ; ou, plus exactement, il donne au temps une forme. Quelle que soit la rapidité de notre compréhension, s'installe peu à peu en nous le dessin d'une durée, un mouvement, ou une courbe de temps qu'il nous plaît de reparcourir indéfiniment. C'est ce que dit Bachelard, dans un court essai publié en marge de *L'Intuition de l'instant*, « Instant poétique et instant métaphysique ». Le poème, selon lui, invente un temps non pas horizontal, mais vertical. « En tout vrai poème, on peut alors trouver les éléments d'un temps arrêté, d'un temps qui ne suit pas la mesure, d'un temps que nous appellerons vertical pour le distinguer du temps commun qui fuit horizontalement avec l'eau du fleuve, avec le vent qui passe [...]. Dans l'instant poétique, l'être monte ou descend, sans accepter le temps du monde qui ramènerait l'ambivalence à l'antithèse, le simultané au successif » (1931 : 104-105). Montées et descentes qui ne décrivent rien d'autre que cette courbure, ou cette forme particulière du temps à quoi tout poème nous rend sensibles, et qui l'apparente étroitement à une aventure musicale. Ces lignes invisibles que quelques mots seulement, disséminés sur la page, nous invitent à épouser, ne sont-elles pas exactement des lignes mélodiques ? Dans l'« Observation relative au poème *Un Coup de Dés jamais n'abolira le Hasard* », encore, Mallarmé n'évitait pas la comparaison de son poème avec une « partition » (1998 : 391).

Pourtant, plus que la musique, la poésie entretient en nous l'illusion que son temps et son espace ne diffèrent pas du temps et de l'espace ordinaires ; qu'elle en présente seulement une version qualifiée, ou intensément affectée. Déchiffré sans compétence particulière (à la différence d'une partition), puisqu'il utilise, comme dit Claudel, les mots mêmes que requiert l'achat du pain quotidien, le poème tend à estomper, en raison d'une familiarité finalement trop grande, la nature singulière du temps et de l'espace qu'il instaure et dans lesquels il se déploie. L'indistinction du fait esthétique constitue le premier obstacle à l'accès au poème. Appréhender sa forme *poétique*, ce sera donc revenir non seulement à l'étanchéité de deux espaces constitutifs, mais aussi et toujours à cette singularité d'un espace-temps, l'accepter non pas comme un fatal hermétisme, mais à la manière d'une langue étrangère qu'il nous faudrait apprendre au moment même de son invention. Car c'est en lui que vit la forme. C'est là qu'elle se laisse percevoir comme totalité mouvante, vivante, et qu'elle livre donc ce qu'il est désormais insuffisant de nommer *son sens*.

Que fait Apollinaire lorsqu'il ouvre l'un de ses poèmes, « La petite auto », par ces mots empruntés au récit le plus trivial ?

Le 31 du mois d'Août 1914
Je partis de Deauville un peu avant minuit
Dans la petite auto de Rouveyre

Ici, à l'inverse du « Récit » de Réda, tout est clairement situé. Le 31 août 1914 est une date connue, emblématique même (encore que s'y glisse un étrange lapsus...) ; Deauville est une ville réelle, et Rouveyre, un familier du poète. Ce trajet, on sait même qu'il eut lieu, et dans quelles circonstances. Mais nous voici soudain projetés dans une tout autre perspective de temps et d'espace :

Nous dîmes adieu à toute une époque
Des géants furieux se dressaient sur l'Europe
Les aigles quittaient leur aire attendant le soleil
Les poissons accouraient pour se connaître à fond
Les morts tremblaient de peur dans leurs sombres demeures

Partis de Deauville, nous aussi, nous entrons là dans des moments et dans des lieux qui n'ont plus ni noms ni repères : dans un monde proprement désorienté. Et si pourtant certains toponymes semblent surnager dans cette catastrophe des familiarités (*Belgique, Francorchamps*), c'est comme autant d'épaves défigurées, de « vieilles carcasses naufragées », presque méconnaissables. C'est que les lieux et les temps ont subi une étrange conversion :

Je m'en allais portant en moi toutes ces armées qui se battaient
Je les sentais monter en moi et s'étaler les contrées où elles serpentaient

Par la grâce de cette « petite auto », qui pourrait bien être le véhicule même du transport poétique, le monde de la guerre a été intériorisé. Pour décrire cette intériorisation, Apollinaire utilise le verbe *sentir*. Choix *a priori* banal, qui pourtant résume à lui seul toute l'importance du phénomène. Il y a, naturellement, dans ce *sentir*, le *sentiment* de la nouvelle époque et de ses douleurs. Mais également, et de façon plus troublante, le trait d'une expérience physique : la perception d'une forme en mouvement, d'un processus de formation. *Monter en moi et s'étaler* : n'est-ce pas là à la fois l'éclosion intérieure d'un événement (la guerre), sa révélation à la conscience du sujet, *et* l'avènement du poème ? L'événement que nomme le poème, disions-nous plus haut, est redoublé par l'événement du poème lui-même. Il faut maintenant compléter la proposition : la conjugaison de ces deux événements, leur singulier retranchement sur la scène de la langue, crée cette osmose, ce mouvement d'identification réciproque que nous avons appelé une forme-sens.

25 *Comment passe-t-on de l'intelligence d'un poème à l'intelligence d'une œuvre poétique ?*

« Une œuvre, écrit Paul Ricœur, est une séquence plus longue que la phrase qui suscite un problème nouveau de compréhension, relatif à la totalité finie et close que constitue l'œuvre comme telle » (1986 : 107). Il importe peu de savoir, en vérité, à quelles dimensions se réfère ici le mot *œuvre* : celle de l'*ouvrage* ou celle des *œuvres complètes*. Le fait est que le saut du poème à la collection de poèmes engage un paradoxe : chaque nouvelle pièce, tenue hors de l'unité du précédent, et instituant sa propre unité, se fait en même temps le relais d'une unité supérieure qui les englobe toutes deux. Ou, pour le dire plus simplement : la monade du poème est à la fois close sur elle-même et ouverte sur la totalité de l'œuvre. L'unité d'un poème, comme celle, d'ailleurs, de toute construction ou de tout organisme complexe, suppose qu'y soit perceptible un principe d'unité, ce que Valéry nomme une *matière* ou une *loi* : « Nous ne pouvons nous représenter, écrit-il, un tout fait de changements, un tableau, un édifice de qualités multiples, que comme lieu des modalités d'une seule *matière* ou *loi*, dont la continuité cachée est affirmée par nous au même instant que nous reconnaissons pour un ensemble, pour domaine limité, de notre investigation, cet édifice » (1957 : 43). Le problème des ensembles poétiques n'est donc pas différent de celui que pose toute architecture, toute communauté d'ensembles, tout territoire composite : comment une loi générale peut-elle traverser des lois locales sans entrer en conflit avec elles, et inversement ? Chaque poème serait ainsi le lieu d'une double postulation : l'une, en direction de sa propre clôture ; l'autre, vers l'horizon de l'œuvre à laquelle il prend part.

Il faut se défier du mot *loi*, et l'on voit que Valéry le varie avec *matière*. Mieux que personne, il sait en effet que le principe d'unité esthétique reste informulable dans le moment où il agit. Si bien que la loi invoquée ici se tient plus près de la « loi naturelle » de Montesquieu, que de sa « loi positive ». Cette distinction, on le sait, est au cœur de préoccupations qui ne cesseront de hanter la pensée et la création de Valéry. Grand rêveur des formes *achevées* qu'offre la nature (fleurs, coquilles, cristaux... voir, entre autres, *L'Homme et la Coquille*), il reconnaît en elles l'expression d'intentions mystérieuses, mais aussi des modèles pour l'œuvre d'art. Dans les objets naturels parfaits, il admire « cette liaison indissoluble et réciproque de la figure avec la matière » (1957 : 104), et le principe de fabrication qui y est à l'œuvre.

Les hypothèses de Valéry sur ces questions nous aident à dépasser le paradoxe initialement relevé. Car si la fabrication de l'œuvre d'art s'apparente à celle des objets naturels, alors le principe qui préside au déploiement de chaque partie n'entre plus en contradiction avec celui qui ordonne le tout. Les deux postulations n'en font qu'une. Mais le chemin d'une fabrication est capricieux et imprévisible. Une naïve croyance dans l'alignement des intentions et des fins nous portait à ne pas reconnaître ces vérités dont le moindre épanouissement végétal apporte la démonstration : que la loi de construction d'un objet complexe est elle-même complexe ; qu'elle impose qu'on en passe par maints détours, maintes tensions, maints repentirs apparents ; et que la *perfection*, entendue comme achèvement, est à ce prix. Ce parcours est d'ailleurs autant le fait du créateur que celui du lecteur lui-même. Voyageurs identiquement aveuglés et identiquement conduits, ils n'atteignent leur destination qu'à suivre ces voies sinueuses dont la plus claire logique est d'égarer en eux toute pensée logique. D'un poème à l'autre, donc, la seule consigne revient à accepter les sauts et les ruptures apparents, dans la confiance que *quelque chose* continue, et qu'il n'est au fond ni saut ni rupture, qu'il n'est que des circuits.

Ce qui assure cette continuité, ce qui nourrit cette confiance, à en croire Valéry toujours, c'est l'indissoluble liaison de la matière et de la forme (voir Michel Jarrety, 1991 : 106-107). La matière du poème produit la forme jusque dans ses élaborations les plus complexes. Elle contient en elle les conditions de cet élan protéiforme dont le livre, et les livres entre eux, porteront la trace. Cette matière, reconnue dans sa manifestation originelle la plus élémentaire, n'est autre qu'une voix – le Mallarmé du *Démon de l'analogie* avait noté ses prestiges ordonnateurs (1998 : 416-418 ; voir question 34). Mais une voix qu'il s'agit de préserver dans deux milieux qui la nient : celui de l'écrit et celui du sens. Une première épreuve consiste en effet à transposer une inflexion sonore dans le mode muet du vers ; une seconde, à conserver, au sein du langage articulé, cette puissance de l'inarticulé en quoi tout poème reconnaît sa source. Les détours de l'œuvre ne sont rien d'autre que les stigmates victorieux de ces épreuves, à travers lesquelles une matière traduite trouve sa forme en informant (en déformant, ou réformant) la langue : une « forme profonde, vraie, intérieure, dit Lord Chandos, qui ne peut être pressentie que par-delà la barrière des artifices rhétoriques, celle dont on ne peut plus dire qu'elle met la matière en ordre, parce qu'elle l'imprègne, l'élève en l'annulant, créant ensemble fiction et vérité » (Hofmannsthal, 1992 : 39).

Passer du poème à l'œuvre des poèmes, ce n'est donc pas entrer dans un remous de forces contradictoires et plus ou moins stabilisées. C'est, au contraire, suivre le mouvement d'un travail, en reparcourir les gestes dont l'enchaînement et l'articulation, éclairant le tout, ne sont rien d'autre que ce qu'il faut désormais appeler son sens. « La véritable œuvre d'art est la composition elle-même ou la fabrication de l'œuvre d'art », dit encore Valéry (Jarrety, 1991 : 105).

Cette coalescence entre un poème et son faire, entre *le* poétique et *la* poétique, est ce qui oriente, et même ce qui *inspire* maints poètes contemporains. En voici, pour finir, un exemple choisi dans l'œuvre de Jacques Roubaud. Le livre intitulé ε repose sur une contrainte arithmologique d'une extrême sophistication. « Ce livre, dit Roubaud, se compose, en principe, de 361 textes, qui sont les 180 pions blancs et les 181 pions noirs d'un jeu de go » (1967 : 7). Conformément à cette contrainte formelle, le sonnet est choisi comme unité poématique de l'ensemble ; encore se trouve-t-il singulièrement altéré : « sonnets, sonnets courts, sonnets interrompus, sonnets en prose, sonnets courts en prose... » Or, face au principe d'organisation rigoureuse qu'il impose à son discours, Roubaud propose au lecteur le choix entre plusieurs parcours : « Indépendamment de cette répartition, les pions entretiennent entre eux différents rapports de signification, de succession ou de position. Ce sont certains de ces rapports (ou absence de rapports) que nous proposons au lecteur, selon quatre modes de lecture. » Parmi ces modes de lecture, certains sont régis par des tables jointes en annexe. Un autre suit le déroulement d'une historique partie de go, dont l'auteur précise qu'elle n'est pas achevée (les 157 premiers coups seulement...) « On peut enfin, ajoute l'auteur non sans humour, sans tenir compte de ce qui précède, se contenter de lire ou d'observer isolément chaque texte. C'est le quatrième mode de lecture » (1967 : 9). Voilà donc une œuvre explicitement fondée sur une loi de fabrication arbitrairement choisie hors d'elle, et qui programme ses lectures en fonction de cette loi. Naturellement, on ne saurait oublier la part de jeu qui, selon la nature de cette loi même, entre dans le dispositif. Et le compte tenu, par l'auteur, des lectures individuelles (individus poèmes aussi bien qu'individus lecteurs), indique suffisamment le fait que tout lecteur est, face au poème, un affranchi. Il n'empêche : si le livre offre tant de liberté à la lecture, c'est que, sur le plan de cette liberté, le cheminement de la fabrique a laissé sa trace.

Nous comprenons mieux, dès lors, la métaphore du jeu dans le livre de Jacques Roubaud. La logique d'un livre de poèmes s'apparente en effet à celle du jeu, en ceci qu'elle est à la fois un ordre (ici, la grille du jeu de go) et une combinatoire. Jeu singulier, puisque toujours déjà joué au moment où j'y entre, comme une symphonie est aussi *toujours déjà jouée* au moment où je l'entends. Jeu révolu, donc, et d'emblée résolu ; mais dont la donne finale me laisse à revivre chaque instant de sa précaire partie ; me communique le frisson du hasard (Mallarmé) et d'un danger peu explicable hors de l'intention métaphysique commune à tout vrai jeu comme à toute œuvre : que c'est, symboliquement, ma vie qui s'y risque.

VI

POUVOIRS ET INTERPRÉTATION

26 *Qu'est-ce que nommer ?*

Dans l'un des poèmes de *Stèles*, Segalen nous invite à méditer sur la polysémie du mot « nomination ». D'un côté, le sens politique : « chaque officier, civil ou militaire, détient son titre dans l'Empire » ; de l'autre, le sens poétique : « ... recevez de moi vos apanages, ô mes êtres familiers » (1995-2 : 56). *Nommer* se partage en effet entre les deux fonctions – celle du prince, celle du poète – au nom desquelles il exprime indistinctement l'acte performatif d'attribuer un titre ou un nom : « car je décide... », dit le poème.

Cette amphibologie trouble un instant la netteté d'une distinction sur laquelle est fondée toute représentation de la cité : voici un lieu du langage, et une manifestation de l'autorité, où le poète et le prince, d'ordinaire au moins étrangers l'un à l'autre, s'avouent proches, et même comparables. Une proximité qu'illustrent et entérinent d'ailleurs maintes figures dans la mythologie littéraire. Figures de la fascination réciproque : ce « Prince... ! » blasonné à l'envoi des ballades, par exemple, comme l'indice d'une liberté d'interpellation à laquelle aucune autre « position » n'aurait accès. Figures du divorce, tantôt encore orgueilleuses : Hugo contre Napoléon III ; tantôt dégrisées, tel « Le vieux saltimbanque » de Baudelaire. Figures de la (ré)conciliation, enfin : et ici se dresse le cortège empanaché des ambassadeurs-poètes, amis de pouvoirs auxquels ils apportent (et à qui régulièrement ils retirent) leur caution – Claudel, Léger, Paz, Neruda… – tous augurés de Nobel, favorisés d'académies et ensanglantés de rosettes. De ces figures variées, Hamlet compose peut-être la synthèse à la fois la plus haute et la plus amère. Hamlet, souverain impossible et poète approximatif (« maladroit dans l'art des rimes », comme il le dit lui-même, s'y essayant malgré tout à l'intention d'Ophélie)… Ce qui explique et justifie cette ombrageuse « amitié du prince », c'est toujours la même attirance exercée par les vertiges du verbe. Lorsqu'on lui demande ce qui donne sens (*matter*) aux mots qu'il est en train de lire, Hamlet comprend *aussi*, dans les termes de la question, une allusion à sa liaison amoureuse. Hamlet « qui tire, dit Mallarmé, de l'instinct parfois indéchiffrable à lui-même des éclairs de scoliaste » (2003 : 169), est le prince de la double entente ; sa folie est la *divagation* même du langage. Et aussi bien « prince par l'absurde » (Saint-John Perse, 1972 : 65) : comme si l'ascendant du lettré destituait en lui le souverain virtuel. De ce drame de l'inaccomplissement, le prince-poète représente à lui seul la scène et l'acteur. En lui, s'affrontent et se détruisent deux usages contigus de la langue, deux formes de *nomination* : d'un côté, celle qui édifie l'ordre du monde social (« Je dis, et l'on exécute », note avec émerveillement Kouang-Siu, cet Hamlet chinois, chez Segalen ; 1995-2 : 383) ; de l'autre, celle qui réveille et suscite au contraire son ambiguïté. En lui se heurtent le pouvoir du langage poétique, – et l'autre.

S'interroger sur ce que signifie *nommer*, pour la poésie, c'est la situer toujours en regard de cet autre ; c'est la considérer, comme nous y invitent les quelques figures entrevues de cet affrontement, face à ce que nomme l'homme de pouvoir. Ainsi posée, la question déborde de beaucoup le champ d'exercice du politique. Elle implique, dans sa totalité, le poids de la poésie non seulement dans, mais aussi *sur* toute société. Question reconduite d'époque en époque, comme centrale à la poésie même, de son aptitude à nommer, à être comprise et à agir sur le présent et sur le futur.

L'acuité de cette question tient d'abord à l'immense *malentendu* du mot « pouvoir » ; au pouvoir infini qui réside dans le malentendu. Car « mal entendre » fonde toute relation au pouvoir. Polonius, le premier ministre, appartient à la famille politique des malentendants : lorsque Hamlet le traite de *proxénète*, il entend *marchand de poisson*, et condamne son interlocuteur pour folie avérée. Le malentendu du pouvoir est un jeu de mots à portée ontologique : le *je* qui ordonne *n'est pas* exactement celui de qui émane la prérogative de l'ordre. Le fondement de l'ordre se situe ailleurs que dans le sujet qui le profère. Lorsque Kouang-Siu écrit : « je dis, et l'on exécute », qui parle en lui ? L'individu s'émerveille de ce *je* autre, dont il n'est que le dépositaire, et qui a le don enchanteur de faire se mouvoir le *on*. Il accomplit ainsi l'acte par lequel tout pouvoir se régénère : l'arrachement du sujet à l'indistinction du collectif. L'empereur de Chine, pour asseoir la validité d'un tel acte et le tenir à l'abri du reproche de folie, dispose du même garant que n'importe quel souverain au monde : *l'universelle identification au singulier.*

Ce n'est pas le *je* qui est introuvable. En vérité, il se rencontre, ce *je* de la domination, à chaque détour de l'histoire collective et particulière (Hamlet en sait quelque chose) : il est l'universel singulier de la reconnaissance humaine. Non, ce qui reste invisible, en revanche, mystérieux, même, c'est le *on*. C'est la puissance sans nom, *au nom* de laquelle personne ne sait parler, à laquelle nul ne sait se confondre. Le *on* du corps commun, le *ça* au collectif : le sujet de la sauvagerie inarticulée, auquel pense Thoreau dans une page admirable de ses *Balades* (« je voudrais voir tout homme pareil à une antilope sauvage, partie intégrante de la Nature... » ; 1995 : 46-47). Or tout langage poétique tend à rejoindre le bruit de cette mêlée. La condition poétique opère d'abord, me semble-t-il, l'effacement du *je*, l'étouffement de sa voix de *solo*. Mallarmé emploie, pour décrire cette opération, le mot d'*impersonnalité* (voir question 43). Hofmannsthal évoque, dans la *Lettre de Lord Chandos*, une situation analogue : « tout se décomposait en fragments, et ces fragments à leur tour se fragmentaient... Les mots flottaient, isolés, autour de moi... » (1980 : 44). Et lors même que le *je* continue d'ordonner sa phrase, c'est déjà en une autre langue que celle du sujet qui parle. On la nommera la langue inouïe du *on*, signifiant par là l'absence en elle de toute instance référentielle. Hofmannsthal encore : « ... la langue dans laquelle il me serait donné non seulement d'écrire mais encore de penser n'est ni la latine ni l'anglaise, non plus que l'italienne ou l'espagnole, mais une langue dont pas un seul mot ne m'est connu, une langue dans laquelle les choses muettes me parlent, et dans laquelle peut-être je me justifierai un jour dans ma tombe devant un juge inconnu » (1980 : 51). Expériences extrêmes, certes, que décrivent ici Mallarmé, là Hofmannsthal, et recouvertes chez l'un comme chez l'autre d'ailleurs par le même mot de *crise*. Mais cette crise du langage est bien ce à quoi tend, dans sa fiction, le geste du poème.

Ainsi, l'apparente fraternité unissant les deux sens de la *nomination* s'inverse maintenant. Quand le prince s'érige en garant du nom qu'il profère, le poète, lui, s'abîme volontairement dans l'impersonnel pour y frayer une voie à la poésie. À ce point, on voit bien que le pouvoir de l'un ne fait que retourner l'« impouvoir » de l'autre.

27 *Quelle différence y a-t-il entre le pouvoir et la puissance de la langue ?*

Impouvoir n'est pas impuissance. Le pouvoir sur les hommes se nourrit du mal-entendre. Il a la démesure du faux-sens. Le sens gauchi, c'est ce qui cèle infiniment son sens, ce qui infiniment nous dépasse. C'est l'au-delà de la parole dans lequel s'installent les pouvoirs temporels. « Proxénète ! » dit Hamlet – et il sait bien que cette buse de Polonius entendra mal, qu'il ne comprendra qu'une partie du sens, qu'il n'entrera pas dans l'injure. Polonius, lui, a accès au pouvoir ; au pouvoir politique : il entend « marchand de poisson », ce que sa maîtrise du langage ne saurait l'aider à comprendre. D'où il déduit la folie du prince. Aussitôt Hamlet a barre sur lui.

Cet apologue concentre de façon fulgurante les rapports du pouvoir politique (et aujourd'hui également du pouvoir publicitaire) avec le langage. L'un (le sujet) croit accéder au tout du sens, cependant que l'autre (le maître) se tient dans un au-delà qui est le lieu de sa manipulation. Les jeux du pouvoir ont cette violence des malentendus entretenus, des sens uniques cultivés sur des sens multiples, ou sur du vide. Ils creusent dans leur détail, pour les arrêter et s'y fixer, les battements du sens (« *How pregnant sometimes his replies are !* » s'exclame Polonius à propos de Hamlet).

La fondation du pouvoir suprême n'est pas autre chose qu'une illusion d'univocité cultivée autour de certains mots auréolés. Le mot *majestas*, le mot *dignitas*, les mots *Père* et *Loi* ; le nom infatué donné au règne de l'empereur en Chine. À quoi tient le fonctionnement de cette illusion ? À la terreur qu'exerce sur toute société humaine l'abîme du non-sens. Enracinées dans leur parole, les civilisations savent obscurément que cette perte du sens coïnciderait avec la résurgence de la sauvagerie. Lorsque Fénelon, en 1714, à l'extrémité exténuée du Grand Siècle, défend, devant l'Académie, la poésie des Anciens, c'est en la comparant à l'architecture grecque, à la clarté et à la rationalité de ce qu'elle *signifie* : « tout [y] est borné à contenter la vraie raison, dit-il ». La *gothique*, au contraire (entendons *la poésie moderne*) est pleine de *caprice* et de leurre. L'autorité du sens, l'imposition de la loi du sens : tel est en effet le rayonnement des pouvoirs temporels à l'établissement duquel concourent tous ses sujets. L'invisible, l'inaudible empereur de Chine est la projection fonctionnelle, et le faisceau d'une multitude de désirs orientés vers un sens rituel de la parole.

« *Words, words, words* », oppose Hamlet à cette chimère. Ce faisant, il déconcerte l'ordre même du pouvoir. Il ne dit pas cependant que les mots ne soient rien. Il signifie que, délivrés de ce lien à l'ordre et à la *vraie raison* du monde (au *matter*), ils s'évadent vers des horizons diffractants, incontrôlables et menacés pour qui sait les entendre. Donnant droit à une écoute poétique du langage, il défigure le politique. *Words* : là est en effet le point de leur articulation. Le poétique naît d'une telle évasion et d'un tel risque. Il apparaît hors des champs de la loi. Son propre n'est pas le pouvoir – de fait, on voit bien qu'il en est dépourvu –, mais la *puissance*. La puissance ne se gage sur rien d'autre que ce qui l'incarne. Alors que le pouvoir suppose une machinerie complexe de terreur, de lois, de projections collectives et d'illusion, bref un apparat métaphysique, la puissance trouve en elle seule sa raison et son efficacité. La puissance de la parole, c'est son autonomie portée au degré où elle se libère de toute causalité. Elle devient alors « moteur de soi », pour emprunter au vocabulaire d'Aristote que parodie Valéry dans la treizième strophe du *Cimetière marin* :

Midi là-haut, Midi sans mouvement
En soi se pense et convient à soi-même...
Tête complète et parfait diadème,
Je suis en toi le secret changement.

Tel est le théâtre de sa force, incarné dans une réalité qui l'exalte et la manifeste. Puissance sans objet autre qu'elle-même : par le poème, la langue rend à la langue sa puissance sur la langue. Elle y parvient à l'aide de ces outils, le rythme, l'image, l'invention d'une syntaxe, – ou leur destruction. Mais le poème dans sa totalité est avant tout le fruit d'une attitude anthropologique à l'égard du langage dans laquelle ce dernier n'est pas saisi comme l'instrument d'une communication, mais comme le seul point de convergence possible entre la psyché et le cosmos. D'où cette modification et ce soulèvement de la langue même, tendue entre les pôles d'attraction de l'inarticulable. Chaque mot, dans l'œuvre de Mallarmé, par exemple, se ressent de ce séisme. « Jamais, dit Octavio Paz, [ils] n'ont été plus qu'en elle lourds et pleins d'eux-mêmes ; tellement, qu'à peine si nous les reconnaissons, comme ces fleurs tropicales, d'un rouge violent au point qu'elles en sont noires » (1965 : 68). Puissance de la parole, donc, qui travaille dans le langage à des œuvres d'attachement et de liaison.

Un autre poème de *Stèles* nous donne l'image exacte et complexe de ce travail. Il s'agit de « Stèle provisoire ». Se détournant de la pierre dans laquelle la fiction lapidaire du recueil l'inscrit, le poème appelle de ses vœux la lecture désirante de l'Amante, afin qu'« enjambant l'espace et dansant sur ses cadences », il s'en aille « vivre autour d'Elle ». Fuyant l'insensibilité de son support, et avec elle, la sécheresse d'une lecture « littéraire », il fonde en la passante aimée, comme Baudelaire, l'espoir d'une communion intime, de « la douceur qui fascine » et du « plaisir qui tue » : d'une *liaison* absolue entre l'être et les mots. Mais la particularité de cette liaison, où la psychanalyse nous a appris à reconnaître l'action du principe de plaisir, c'est qu'en même temps elle opère une déliaison. Le poème de Segalen le souligne explicitement : se liant à « Elle », il se délie de la matrice honnie (la pierre de la stèle) ; il rompt avec son attachement naturel. Autrement dit, advenant à la poésie, le langage se noue à son propre dénouement. Il fait de la liaison l'agent d'une déliaison.

Lorsque Yves Bonnefoy décrit son travail créateur, il insiste sur ce paradoxe : « J'essaie [...] de repérer, dit-il, telle image ou "idée" ou simple rapport de mots qui brillent, mais faiblement, aux confins en grisaille de la conscience, puis de les retenir, puis de les mettre en relation avec d'autres et d'autres encore, qui se donnent semblablement, et cela non sans tâtonner, non sans hésiter, à la façon de l'archéologue qui doit apparier entre elles des inscriptions sans connaître encore la langue qui leur est peut-être commune ni bien entendu leur message » (Anzieu, 1981 : 131-132). Cette phase de liaison entre des représentants inconscients, préconscients ou conscients, aboutit à un constat d'innovation et de rupture radicale avec la langue : « En somme, c'est une langue qui m'est donnée peu à peu. » Apparier pour mieux rompre. Et rupture qui n'est pas sans répercussions à l'intérieur de l'œuvre elle-même, et dans l'expérience globale de la création : « Après chacun de ces quatre livres, ajoute Bonnefoy, j'ai ainsi cessé d'écrire des poèmes, à chaque fois pour plusieurs années. »

La puissance de la langue poétique est-elle fondatrice d'une autre compréhension entre humains ?

On ne peut s'interroger sur l'essence d'un pouvoir, quel qu'il soit, sans méditer en lui la place qu'y occupe le lien. Peu après avoir écrit « Au-delà du principe de plaisir », Freud (c'est en 1921) compose un autre essai qui concerne la psychologie des foules. Dans les deux revient le concept de liaison. Le premier l'envisage du point de vue de l'excitation et de sa prise en compte par la conscience individuelle. Le second, du point de vue de la psychologie collective. L'un nous fournit la configuration psychique des phénomènes de création liés au langage. L'autre, des clefs pour une interprétation du pouvoir exercé sur les foules. À comparer ces deux mobilisations différentes du *lien*, on voit bien en quoi réside leur différence : le « défaut » du pouvoir politique (son angoisse, sa fièvre, sa hâte aussi), c'est son incapacité à concilier le lien et la déliaison : à faire en sorte que l'un et l'autre n'entrent pas en conflit. Analysant la panique des foules, Freud formule cette remarque au détour d'un paragraphe : « La perte du meneur, de quelque manière qu'on l'entende, la perplexité dont il est l'objet, font surgir la panique, alors que le danger reste le même ; avec le lien au meneur disparaît aussi – en règle générale – les liens mutuels des individus de la foule » (1981 : 159). La puissance du poétique, elle, tient à la conciliation qu'il opère, dans l'expérience symbolique, entre ce qui, comme dans la stèle de Segalen, attache entre eux les symboles du monde et, en même temps, les affranchit du monde. Une image de cette conciliation nous arrive de la nuit des temps. Elle redouble étrangement un symbole du pouvoir temporel : c'est l'emblème de l'oiseau au vol sûr, qui hante les cieux. Aigle ici, là albatros, buse ou milan : la poésie « aspire en elle ce spectacle à la portée des esprits, dit Hofmannsthal, à une altitude qu'aucun aigle dans ses cercles ne peut gravir – et lorsqu'elle en redescendra vers toi, toute chancelante, elle sera chargée d'un sentiment énorme, mais humain » (1992 : 59). Et Baudelaire, plus laconiquement : « le Poëte est semblable au prince des nuées. » On a déjà évoqué *Le Cimetière marin*, poème de la création du poème. La quatrième strophe résume ainsi le *souveraineté* du regard surplombant qu'adopte le poème :

À ce point pur je monte et m'accoutume,
Tout entouré de mon regard marin ;
Et comme aux dieux mon offrande suprême,
La scintillation sereine sème
Sur l'altitude un dédain souverain.

Certaines fadeurs qu'on nous fait endurer, ces temps-ci, sur le lyrisme en poésie, ne s'autorisent que de l'oubli où elles tiennent la rupture inhérente à la parole poétique. Tout ce qui participe d'une esthétique fusionnelle généralisée, tout ce qui envoûte par le seul lié des signes avec les choses, en vue d'un épanchement aisé du chant du *moi* dans le chant du monde, se tient du côté de la conformité aux pouvoirs temporels. Pas de *tel ou tel* pouvoir : de la logique propre à la domination. L'expression « poésie dissidente » est une tautologie. Elle ne veut pas dire que le poème entre en concurrence avec le discours politique, mais au contraire qu'il n'entre en compétition avec aucune autre pratique de la langue que la sienne propre. Qu'en vérité, son essence ne relève pas des pratiques de la langue, mais de ses fabriques.

Cependant, la rupture n'est pas seulement formelle, au sens où les poètes n'œuvreraient que par l'invention d'une langue ; elle vise plus profondément, à travers cette invention, la suspension de notre *adhésion à*, le dégagement de tout ce qui en nous fait emprise, à commencer par l'écoulement temporel et la continuité des espaces. Au statut du mot, dans son usage poétique, on mesure cette visée. Si, comme le dit Char, « dans le poème, chaque mot ou presque doit être employé dans son sens originel » (1978 : 230), c'est qu'en effet chaque mot du poème lève sa propre adhésion au présent et au lieu de la langue ; qu'il retourne vers un sens non tant antique (les mots ont-ils une *origine* ?) que toujours neuf en lui, non pas usé d'histoire, mais au contraire inaltérable, *imputrescible* dit ailleurs Char.

Cette réalité, faut-il encore la nommer *sens* ? Matière, plutôt, matière-son extraite d'une géologie psychique. Car si les sens explicites tendent à s'y dissoudre, en revanche les innombrables circonstances propres à leur usage y raniment leur dépôt. Le mot devient non pas une concrétion de mémoire savante, mais une nébuleuse d'affects : ce qu'il fut sans doute lorsqu'il nous apparut la première fois. Mais cette intimité, la voici maintenant *devant nous* : matière lisible, partageable, rattachable, dans l'ouverture du livre, à d'autres matières souterraines (cela aussi, ce volètement d'affects, le *words* de Hamlet le fait entendre). C'est que, dans la lecture du poème, la langue se reconnaît comme terre d'échange ordinaire *et* comme sous-sol innommable. L'expérience de qui s'adonne à une telle lecture est donc doublement dialectique : rencontre avec la langue en sa défiguration (voir questions 19 et 20) ; retrouvailles avec un moi inarticulé dans son partage avec autrui. De part et d'autre est convoquée la communauté des semblables : on est, plus que partout ailleurs en poésie, poète parmi des poètes, lecteur parmi des lecteurs. Cette société invisible traverse toutes les sociétés du monde. Elle y assume partout la même fonction : replonger (ressourcer ?) les sens de la langue dans ce qui échappe au sens ; confronter les mots du « reportage » à leur obscurité, à leur limite absolue, qui est leur et notre mort. Cérémonie funèbre, oui, en ce qu'elle tente de conciliation avec un hors-la-langue : « Faire un poème, dit encore Char, c'est prendre possession d'un au-delà nuptial qui se trouve bien dans cette vie, très-rattaché à elle, et cependant à proximité des urnes de la mort » (1978 : 264).

La dissidence de la poésie, c'est cet affrontement qu'elle est seule à pouvoir mener, là où tous les discours du pouvoir, hantés d'une illusion d'éternité, l'éludent. Parce que la langue nous donne à vivre le côtoiement de la permanence et de la précarité, de l'intime et du commun, du psychique et du cosmique, l'acte de poésie exerce sa puissance sur tout ce qui dépasse la langue. Grâce à lui, une part de nuit se trouve *gouvernée*. Car « c'est par le pouvoir de la langue que le poète gouverne en cachette un monde dont chacun des membres [...] peut avoir oublié son existence » (Hofmannsthal, 1992 : 89).

 Comment comprendre l'ostracisation du poète et de la poésie ?

Platon, qui reste pour nous le premier sur le terrain de ces interrogations, dit en gros deux choses du poète. D'une part, qu'il est hors de sa raison (*ekphrôn* ; *Ion*, 534b) ; d'autre part que, sous certaines conditions, il doit être banni de la cité. Dans un cas comme dans l'autre – nature ou politique –, il est le témoin d'un *ek*, d'un dehors, illuminé ou contraint. Cet *ek*, fondement de son étrangeté et de son étrangèreté, a une valeur ambiguë.

Ekphrôn veut dire : « qui a perdu le sens, insensé, qui n'a pas sa raison » ; mais aussi, dans un sens positif : « dont l'esprit s'exalte, enthousiaste ». Les deux significations coexistent selon une logique inspirée par maintes références religieuses, et qui veut qu'on ne s'exalte pas si l'on n'est pas hors de sa raison. Car celui qui est *ekphrôn* est aussi *entheos*, animé d'un transport divin. Or, qu'y a-t-il, dans cette *ekphrosynè*, qui prépare et justifie son exclusion hors de la cité ? Essentiellement, une nature incontrôlable, donc inquiétante. Les poètes sont, au livre III de *La République*, et conformément à une très ancienne tradition grecque, assignés au rang d'imitateurs. Puisque l'imitation peut toucher au domaine moral, la poésie est perçue comme un danger non seulement au plan individuel, qui intéresse peu Platon, mais au plan de la cité. La conclusion du long développement que Socrate consacre à cette question est claire : si un poète venait se produire dans notre cité,

> nous le saluerions bien bas comme un être sacré, étonnant, agréable ; mais nous lui dirions qu'il n'y a point d'homme comme lui dans notre cité et qu'il ne peut y en avoir ; puis nous l'enverrions dans une autre ville après avoir versé de la myrrhe sur sa tête et l'avoir couronné de bandelettes. (*République*, liv. III, 398b)

Est-ce à dire que *tout* poète doive être proscrit ? Non, répond Platon ; seulement ceux qui ne se plient pas à l'imitation du ton de l'honnête homme, et ne se conforment pas aux principes fixés pour l'éducation des guerriers.

Aussi les poètes prendront-ils l'habitude, comme dit Hofmannsthal, d'habiter « dans la demeure du temps, sous l'escalier, là où tous doivent passer devant lui sans que personne n'y prête attention » (1992 : 93). Ils ont d'ailleurs très tôt compris l'avantage qu'ils pouvaient tirer de cette situation. Le romantisme français de 1820, et après lui tout le XIXe siècle, l'a retournée pour en faire une brillante enseigne poétique. Le jeune Hugo, par exemple, l'année même où paraissent les *Méditations poétiques*, lance à son aîné Lamartine cette exhortation louangeuse : « Courage, jeune homme ! vous êtes de ceux que Platon voulait combler d'honneurs et bannir de sa république. Vous devez vous attendre aussi à vous voir bannir de notre terre d'anarchie et d'ignorance » (1841 : 237). Le même Hugo, témoin spectaculaire de ce renversement dans *Les Châtiments*, fera de l'exil le foyer même de la parole. Dès lors, le chemin est tracé de ce *bannissement* glorieux dont Baudelaire ou Mallarmé tâcheront de repenser, d'approfondir, et de justifier, chaque fois à nouveaux frais, la fatalité.

Le concept de *poète* intégrera désormais le sens d'*étranger*, et l'on pourrait presque lire toute la poésie « moderne » à la lumière de cette identification et de ses infinies variations. Du mal-aimé d'Apollinaire au suicidé d'Artaud en passant par le mendiant de Hoffmannsthal, la parole du poème reste foncièrement irréductible à tout langage communautaire. Ou plutôt, si elle revendique une appartenance, c'est, comme dit Deleuze, une appartenance minoritaire. Pas seulement face aux pouvoirs politiques : Baudelaire est un minoritaire de l'ordre familial (voir le poème « Bénédiction ») ; Mallarmé, un minoritaire dans la société des travailleurs (voir le poème en prose intitulé « Conflit ») ; Artaud, un minoritaire face aux détenteurs de la parole dominante (*Pour en finir avec le jugement de dieu*). Or, ces sortes de minorité tiennent entre leurs mains une remarquable puissance de subversion, dans la mesure où, précisément, elles effritent la représentation des pouvoirs établis. Leur force consiste à exhiber, face à l'Un de la Loi (familiale, sociale, politique, médiatique...), la multiple incertitude de la langue qui les fonde. Elles décomposent le pouvoir en une syntaxe fragile. Elles n'opposent pas les armes d'un quelconque pouvoir *sur*, ou *de* la langue ; d'ailleurs, elles ne s'opposent à rien. Posent, seulement, l'*impouvoir* essentiel de tout langage ; son incapacité à faire advenir rien ; la vaine croyance dont il se nourrit communément ; sa pauvreté. De cet impouvoir de la langue témoignent les poètes.

Que cet impouvoir soit l'un des noms – et pas seulement modernes – de la vérité, c'est ce qui découle du statut même qui est réservé aux poètes. Témoignant de ce dont personne ne témoigne, de ce dont il n'est pas de témoin, comme dit Celan, les poètes construisent dans la langue cet espace inattendu et pathétique, offert à l'avènement d'une vérité conçue moins comme ce qui dit l'essence, que comme ce qui dit son inaudible.

... Quelle que soit la différence d'interprétation de la vérité, écrit Lacoue-Labarthe, la poésie se définit comme « dire la vérité » ou « parler au nom de la vérité ». Si l'on veut, la poésie est le martyre de la vérité. (C'est pourquoi sans doute, dès qu'elle est ainsi comprise, par une sorte de glissement métonymique le destin des poètes est effectivement celui de martyrs. (2004 : 138)

Toute poésie est-elle politique, au sens où elle naîtrait dans l'opposition à un pouvoir ?

Le pouvoir, sous le regard du poème, revêt tant de formes, elles-mêmes entretissées, qu'il vaudrait mieux parler *des* pouvoirs, formant une toile. À privilégier une figure centralisée, ou sagittale, comme fait Hugo dans *Les Châtiments*, on perd de vue la dimension spatiale, et proprement tentaculaire, des oppositions. C'est dire qu'elles ne concernent pas uniquement le champ du politique ; et qu'à vrai dire, elles ne concernent aucun champ particulier, puisqu'elles sont d'abord intérieures à la langue. La toile en question n'est pas autre chose que le texte de notre parler, et des échanges de force qu'il détermine. Ainsi, toute poésie naît-elle dans l'opposition à un insituable pouvoir de dire. Mais cette opposition n'est nullement tenue à une dramaturgie de l'extrême ; le croire reviendrait à confiner dangereusement le poème dans une fonction apocalyptique, autrement dit, à lui retirer la plupart de ses formes d'intervention sur la langue.

Qu'est ce roi, par exemple, contre lequel lutte sans relâche Michaux, qui toujours se redresse, qui toujours restera « mon roi » (1998 : 422) ? D'abord un syntagme, « mon roi », et tout ce qu'il charrie de fatale intimidation, d'irrésistible assujettissement. Car Michaux ne s'en prend pas à *un* roi : un roi n'est rien ; ce qui est pathétique, dans la royauté, c'est l'art avec lequel elle s'insinue en nous. Or la langue est telle que ce seul énoncé, *mon roi*, suffit à *en imposer*, comme on dit ; à annexer le territoire de notre intimité la plus intime, et à y asseoir son cortège de puissances. Aucun royaume réel, bien sûr, n'est visé, et tous le sont également, dans la mesure où tous participent de cette magie du signifiant, qui n'est que la conséquence de son pouvoir associatif.

Le poème considère et travaille le syntagme. Il le maltraite. Il le « roupète » et le « marmine » (Michaux, 1998 : 118). Le syntagme résiste, ou cède, selon les cas. Au demeurant, ces opérations ne restent pas sans conséquences sur la *formule* du pouvoir. Et s'il en est ainsi, c'est que porter atteinte à une formule revient toujours à faire vaciller l'assise d'un pouvoir de formulation. Lui *porter atteinte*, c'est-à-dire la couper de ses usages, l'isoler hors de la langue, la grossir démesurément, jusqu'à y faire apparaître la merveille ou la monstruosité latentes – ce que ne cesse de faire Mallarmé en serrant ou en desserrant, autour du mot, l'étau de la syntaxe ; ce que fait Baudelaire, en accusant le poids de certains vocables (les adverbes, par exemple). Ainsi, nous comprenons mieux la généralité de cet « appauvrissement » qu'évoque Chalamov (voir question 12). La pauvreté en question n'est pas l'effet d'une indigence, loin de là ; c'est plutôt un isolement, une mise en quarantaine – un bannissement – loin des flux courants, un arrêt sur les petites formes, et une concentration de l'attention sur leur poids réel : une pesée, une *pensée* de la langue.

Dans cette mesure, toute poésie est politique, au sens où elle touche à la constitution d'un *nous* d'époque ; à la question de la communauté historique, qui dit : sommes-nous, oui ou non, les témoins d'une époque distincte ? et surtout, en quoi ? Cette question, il semble qu'on l'entende aujourd'hui impliquée dans tous les discours qui tentent de penser un tant soit peu cette communauté historique ; tous les discours qui se proposent, un tant soit peu, de faire époque, comme on dit.

Question impliquée, certes ; mais jamais explicite. Comme si ce nous si insaisissable par la pensée et, de ce fait, si difficile à constituer, n'avait d'existence hors d'un présupposé indiscutable autant qu'indémontrable : que nous vivons l'inédit, l'inouï du temps, et que c'est lui qui nous distingue de tout autre nous ; que nous sommes le sel de la terre, le pluriel d'un absolu singulier. Comme si, en somme, à cette question, il importait qu'on ne connût pas de réponse ; ou plutôt, qu'évitant de la poser vraiment, on admettait qu'il ne pût y en avoir qu'une : nous sommes, oui, naturellement soudés par la nouveauté du moment.

Or, cette question, il incombe à la poésie de la rendre explicite. Pourquoi ? Parce que, d'une part, ce balisage du questionnement par l'implicite est de nature politique : il renvoie au pouvoir du collectif agissant, par omission ou par contrainte, sur sa propre représentation, voire sa propre définition. Mais, d'autre part et surtout, parce que la poésie se veut comptable de l'administration des limites de la parole (et d'abord de sa parole), de ses agents et de ses conditions. On peut songer ici à quelqu'un comme Péguy. Cette attribution des rôles, entre « politique » et « poésie », est chez lui très claire. S'il est si attentif à la question de la survie des œuvres, explique Jean-Michel Rey, c'est parce qu'une « œuvre *poétique* – au sens le plus large du terme – ne peut [...] qu'avouer ou que ressasser ses différentes tournures, ses aspects, ses diverses modalités... » Elle est son propre déploiement et sa propre explication. « Un discours *politique* – au sens très général du terme – ne peut dire de quoi il se fait ni ce qu'il fait : se doit même le plus souvent de l'oublier ou de le passer sous silence » (2003 : 154). Autrement dit, dans le poème s'exprime une certaine vertu heuristique du discours, qu'il convient d'y faire entendre.

Heidegger ne dit pas autre chose lorsque, en 1934, après sa démission du rectorat de Fribourg, il présente en trois arguments son cours consacré à Hölderlin :

1. Hölderlin est le poète du poète et de la poésie ; 2. Simultanément, Hölderlin est le poète des Allemands. 3. Comme Hölderlin est cela en toute latence et difficulté, poète du poète en tant que poète des Allemands, il n'est pas encore devenu puissance dans l'histoire de notre peuple. Et comme il ne l'est pas encore, il faut qu'il le devienne. Y contribuer est de la « politique » au sens le plus haut et le plus propre, à tel point que celui qui arrive à obtenir quelque chose sur ce terrain n'a pas besoin de discourir sur le « politique ». (cité par Lacoue-Labarthe, 2002 : 120)

Si le discours sur le poétique dispense d'un discours sur le « politique », c'est que, bien au-delà des circonstances très claires auxquelles il est fait ici allusion, *toute* parole qui engage la poésie, « la puissance d'une poésie effectivement poétique », est aussi, selon Heidegger, une parole politique. Hugo, à son tour, ne pensait pas différemment lorsque, célébrant Byron, il définissait la littérature comme « ce que doit être la commune pensée d'une grande nation après de grandes calamités » (« Sur Lord Byron », *Littérature et philosophie mêlées*).

Or nous nous situons apparemment aux antipodes de cette implication, et ce constat nourrit d'ailleurs le sentiment de *notre* singularité : ainsi, nous participerions de ce *nous* qui manque à se représenter à travers le poème ; dont la cohésion, donc, ou bien en passe par d'autres modèles, ou bien n'existe pas. Telle serait en somme notre exception historique, que viendraient ici illustrer d'abondance les thèses de l'épuisement de la poésie (Denis Roche, Dominique Fourcade, Jean-Marie Gleize...) qui sont aussi les hypothèses d'un effondrement du *nous* collectif.

Aphasie hautement politique, en un sens, qui n'est en tout cas ni impuissance, ni démission, ni indifférence à l'égard du politique, mais plutôt le contraire : comme un miroir, ou un révélateur qui nous apprend ceci, notamment : que le pouvoir s'exerce désormais plus par une prise de parole que par un déploiement du sens. L'art du XXᵉ siècle, d'Eisenstein aux « portraits » d'Innocent X par Francis Bacon, en passant par la vision parodique de Hynkel dans *Le Dictateur*, ne cessera d'ailleurs d'être fasciné par cette bouche béante des grands tribuns, qui tonnent leur parole trop compréhensible pour ne dire que le *rien* du monde.

En vérité, si la langue française n'a pas connu de grand poème « politique » depuis *Les Châtiments*, c'est sans doute que la situation d'exil, à laquelle Hugo donnait une incarnation géographique, est devenue, après lui, la condition *linguistique* de toute poésie. Le poète Patrick Wateau, dans un livre récent, évoque « ces exilés linguistiques qui, face à la butée littérale, traduisent en se soumettant à la syntaxe de la langue d'origine quand, dans un même temps, chacun travaille de l'intérieur ce qui varie d'une langue à l'autre sans possibilité de recouvrement » (2004 : 41). Or, passer d'un exil à l'autre, de la perturbation topographique à la perturbation linguistique, n'entame en rien la portée collective du geste. C'est en réalité le même engagement en direction d'une limite difficilement situable, mais qui concerne aussi bien le groupe que la langue ; qui concerne le groupe à ce point où il rencontre la langue toujours assignée à un certain usage ; où il prend forme dans cette rencontre. « C'est parce que le mal d'asservissement arrive aujourd'hui à sa culmination avec un langage d'uniformité, écrit encore Patrick Wateau, que l'accidentalité de la syntaxe et les "grandes irrégularités du langage" (Bataille) deviennent plus que jamais nécessaires » (2004 : 22).

Si cette tension vers la limite a bien quelque chose de *politique*, le mot est, on le voit, à entendre dans un double sens, impliquant à la fois la constitution, toujours douteuse, d'une communauté (*nation, peuple, population...*) et l'inscription, toujours incertaine, de cette communauté dans l'histoire d'un devenir. On ne sait s'il s'agit là de « la politique au sens le plus haut et le plus propre », comme l'entendait Heidegger. Ce qui est sûr, c'est qu'une telle acception du mot suppose au moins une projection dans l'ordre des représentations : communauté, inscription, devenir nullement donnés ; aujourd'hui plus que jamais problématiques, au contraire, dans le sens où les déterritorialisations – temporelles et spatiales – sont devenues notre histoire, au moment même où s'imposent les *langages d'uniformité*. Comment s'opère, dans de telles circonstances, le passage du poétique au politique ? Difficile de penser qu'il suffirait de cultiver les « grandes irrégularités du langage » pour lever certaines formes d'*asservissement*. Or l'idée qu'une subversion du langage accomplirait *ipso facto* une subversion du politique découle – c'est là son leurre – de cette même causalité mécanique que reprennent à leur compte les institutions politiques lorsqu'elles travaillent à la réification de la culture. Illusion d'ailleurs répandue, dont Adorno dénonçait le ressort dans le texte de *Prismes* si souvent cité hors de son propos :

> La critique de la culture se voit confrontée au dernier degré de la dialectique entre culture et barbarie : écrire un poème après Auschwitz est barbare, et ce fait affecte même la connaissance qui explique pourquoi il est devenu impossible d'écrire aujourd'hui des poèmes. L'esprit critique n'est pas en mesure de tenir tête à la réification absolue, laquelle présupposait, comme l'un de ses éléments, le progrès de l'esprit qu'elle s'apprête aujourd'hui à faire disparaître, tant qu'il s'enferme dans une contemplation qui se suffit à elle-même. (1986 : 22-23)

De la « réification absolue » vient témoigner notre indifférence collective aux perturbations les plus radicales des langages esthétiques ; indifférence est encore un mot trop faible : c'est d'acquiescement qu'il faut parler ; et de cette manière tellement docile d'entériner l'inouï, que toute forme de scandale en est devenue aujourd'hui pratiquement impossible. Chaque jour, l'État-culture apporte son soutien financier – et sa caution morale – à des discours qui le nient. Il n'y a pas que les romans de David Lodge pour nous apporter, par exemple, la nouvelle de cette chaire d'université consacrée au théâtre de l'absurde, et dotée par une compagnie de télévision commerciale (1993 : 100)... Or cette reconnaissance ricaneuse, comme dit Adorno, est ce qui rend visibles et inoffensives les œuvres les plus contestataires (mais ce mot au parfum d'années 1960 revêt-il encore le moindre sens pour nous ?...). Voilà pourquoi il y a naïveté à croire toucher l'ordre politique par un acte poétique.

VII

COMPRÉHENSION ET MODERNITÉ

31 La poésie « moderne » est-elle difficile à comprendre ?

Il y a, en effet, une question moderne de la *difficulté* en poésie. Une question que Mallarmé est le premier à poser, en tout cas en des termes qui nous la rendent audible et vraiment interrogative – et c'est sans doute pourquoi il nous apparaît aujourd'hui comme l'un des fondateurs de cette modernité liée, d'une façon ou d'une autre, à l'*inévidence* de lire.

Mallarmé donne un nom à cette difficulté ; ou, plus précisément, il convertit, sous la pression d'une actualité réprobatrice, le négatif de la difficulté (*dis-facultas*) en un positif *mystère*. Ce, à travers l'un de ses textes, justement, les plus difficiles : « Le mystère dans les lettres ». Le mot *mystère* fait d'abord allusion, ici, à une scène religieuse, empreinte autant de références antiques que du contexte catholique : la cérémonie dressée autour d'un dieu voilé, progressivement dévoilé. La musique, l'écrit, par métaphore – mais aussi par substitution – n'exhibent la réalité que sous des voiles, par effet de suggestion, et afin de mieux la révéler. Telle est, en particulier, la fonction du poème. À un lecteur distrait accusant donc l'obscurité du texte par un tranchant « Comprends pas ! », on opposera ces quelques réponses, sur lesquelles Mallarmé ne variera guère :

– À quoi bon écrire, si ce n'est pour « tendre le nuage, précieux, flottant sur l'intime gouffre de chaque pensée » ? (Mallarmé, 2003 : 231). Le reste, n'étant que banalité, voire vulgarité (« ce à quoi on décerne, pas plus, un caractère immédiat »), n'intéresse ni la poésie, ni la littérature.

– La musique fournit un modèle en matière de mystère : « Au cours, seulement, du morceau à travers des voiles feints, ceux encore quant à nous-mêmes, un sujet se dégage de leur successive stagnance amassée et dissoute avec art. » Comme souvent chez Mallarmé, il s'agira pour le poète de reprendre à la musique son bien, autrement dit de parvenir, par d'autres chemins, à ce dévoilement que l'orchestre (wagnérien ?) sait si bien, si spectaculairement accomplir (dans le mot « mystère », se laisse également entendre un sens théâtral). Tant il est vrai que « les déchirures suprêmes instrumentales, conséquence d'enroulements transitoires, éclatent plus véridiques, à même, en argumentation de lumière, qu'aucun raisonnement tenu jamais » (2003 : 232).

– Or l'écrit (et le mot reste ici volontairement imprécis) dispose toujours d'un « pivot » à « l'intelligibilité » : la syntaxe. La syntaxe n'est nullement, pour Mallarmé, un corps de règles, ou une contrainte inhérente à la langue. C'est au contraire une perpétuelle aptitude à la modulation, qui tient au génie de la langue française. Il y a là, si l'on veut, un fait de linguistique historique : « une élégance [du français] à paraître en négligé » dont témoigne le passé. Mais le constat le plus précieux tient à ceci : que la même langue s'adapte parfaitement aux formes de la littérature moderne – ces « abrupts, hauts jeux d'aile ». Autrement dit, la syntaxe ne vaut que dans la mesure où elle autorise d'infinies perturbations de la phrase : « un balbutiement, que semble la phrase, ici refoulé dans l'emploi d'incidentes multiplie, se compose et s'enlève en quelque équilibre supérieur, à balancement prévu d'inversions » – et nous tenons là une parfaite description de la syntaxe personnelle de Mallarmé.

À l'accusation d'obscurité, le poète préfère donc « rétorquer que des contemporains ne savent pas lire » (2003 : 234). Cette théorie de l'écriture (souvent reprise, mais jamais plus admirablement qu'au commencement de la conférence sur Villiers ; 2003 : 23) ne peut en effet trouver son accomplissement ailleurs que dans une théorie de la lecture. La voici :

Lire –

Cette pratique –

Appuyer, selon la page, au blanc, qui l'inaugure son ingénuité, à soi, oublieuse même du titre qui parlerait trop haut : et, quand s'aligna, dans une brisure, la moindre, disséminée, le hasard vaincu mot par mot, indéfectiblement le blanc revient, tout à l'heure gratuit, certain maintenant, pour conclure que rien au-delà et authentiquer le silence – (2003 : 234)

Il faut relire et méditer ces textes pour au moins deux raisons. D'abord, parce qu'ils posent la question de l'obscurité et de la compréhension en des termes qui dépassent de loin toute théorie herméneutique ; parce qu'en vérité, ils arriment ces deux « pratiques », *lire, écrire*, à un projet ontologique. Qui saurait assigner une limite précise à cette *conclusion* « que rien au-delà » ? Qui ne mesure la profondeur de la perspective sur le fond de laquelle vient prendre place ce silence si proche de son homologue pascalien ? Si bien qu'au moment même où il donne de la poésie la définition la plus précise, Mallarmé la projette dans un espace qui déborde de loin tous ceux dans lesquels elle a été confinée jusque-là.

L'autre raison, c'est que, s'ils n'ont certes pas exercé une influence directe, ni dans leur temps, ni chez les poètes qui ont suivi, ils sont présents, sur le mode d'une prégnance très propre aux énoncés les plus singulièrement visionnaires (présence souvent inconsciente, ou pour le moins insue), à toute notre modernité.

32 En quoi certains textes souvent cités de Mallarmé fondent-ils notre modernité ?

On doit ici se reporter à un autre grand texte, où Mallarmé fonde en logique et, pour ainsi dire, en chronologie, les phénomènes qu'on vient de décrire. « Crise de vers » date le *desserrement intérieur* de l'alexandrin (et du « mécanisme rigide et puéril » de sa mesure) de la mort de Victor Hugo. Hugo, dit

Mallarmé, était « le vers personnellement ». C'est pourquoi il avait contribué à identifier toute la littérature au discours versifié. Le « géant » disparu (et c'est précisément en 1885), l'annexion tendit, par son ampleur même, à corrompre les formes fixées : si tout énoncé devait en passer par l'alexandrin, alors la « cadence nationale » se trouvait destituée de son rôle d'élection dans « les occasions amples » (Mallarmé, 2003 : 207). Notons au passage que le respect manifeste à l'égard du poète des *Contemplations* se voile d'une critique sévère, que trahit le choix des mots : dire, par exemple, qu'« il confisqua chez qui pense, discourt ou narre, presque le droit à s'énoncer » (2003 : 205), c'est suggérer que l'appropriation était indue ; qu'elle relevait d'une sorte d'outrecuidance, et finalement d'immoralité esthétique. Mais c'est aussi rendre un hommage indirect à celui qui, grâce à ce coup de force, favorisa l'abandon de l'alexandrin obligé, et orienta, malgré lui, la recherche et le goût dans des directions nouvelles.

L'analyse de Mallarmé pourrait servir de modèle à la description de tout avant-gardisme esthétique : à une période triomphale succède la révolte plus ou moins ouverte contre les lois du Père – une telle dialectique n'étant naturellement pas exempte d'implications politiques, à la mesure desquelles, ici précisément, l'idéal « républicain » de Mallarmé se distingue de celui d'Hugo. Il serait facile de voir, dans cette rupture, une source d'incompréhension et, s'agissant de poésie, l'origine d'une illisibilité. C'est bien ainsi, au fond, que les sociétés modernes considèrent le présent de leur art ; parfois, également, certains de leurs artistes même, tel Sainte-Beuve parlant du « Kamtchatka romantique » d'un Baudelaire qui aurait « trouvé moyen de se bâtir, à l'extrémité d'une langue de terre réputée inhabitable et par-delà les confins du romantisme connu, un kiosque bizarre... » (Sainte-Beuve, *Le Constitutionnel*, 20 janvier 1862). Oui, le moderne est bizarre lorsqu'il explore des terres réputées inhabitables faute d'avoir jamais été habitées. Mais Mallarmé dépasse ce que la métaphore géographique contient en germe de fatalité mécanique. Pour lui, l'aventurier garde souvenir de sa terre d'origine ; et c'est avec l'œil, avec l'oreille du connu qu'il aborde l'inconnu, et s'en délecte : « des infractions volontaires ou de savantes dissonances en appellent à notre délicatesse, au lieu que se fût, il y a quinze ans à peine, le pédant, que nous demeurions, exaspéré, comme devant quelque sacrilège ignare ! » Délicatesse confondue moins avec le goût extrême de la décomposition à l'infini des sensations, comme le voudra un Des Esseintes, qu'avec la conscience paradoxale d'une liberté et d'une continuité : « Je dirai que la réminiscence du vers strict [c'est-à-dire, de l'alexandrin] hante ces jeux à côté et leur confère un profit » (Mallarmé, 2003 : 207).

L'opposition fondatrice de cette morale ne tient donc plus entre le connu et l'inconnu (mettons, l'Europe et le Kamtchatka), mais entre l'ennui et le plaisir. S'il s'agit bien d'une morale esthétique, c'est précisément dans la mesure où l'art n'y est plus voué à la recherche d'un consensus (l'« ordre moral », dont parlaient les accusateurs au procès des *Fleurs du mal*, y fait encore tardivement allusion), mais à la poursuite d'une aventure singulière. Cette nouvelle valeur du singulier, qui implique originalité, délectation irremplaçable, mais aussi solitude et, sur un versant extrême du mot, obscurité, est la condition même de la poésie moderne. Pierre Jean Jouve répond ici à Sainte-Beuve : « Le cas de Baudelaire est celui du monde moderne ; le problème de Baudelaire est celui de la Poésie moderne » (1958 : 11). Ce qui naturellement ne saurait s'entendre que dans une conscience moderne du monde ; dans la certitude de l'inépuisable nouveauté du temps présent ; dans la béance effrayante et suave de ce « pour la première fois » qui oriente tous les penseurs de la modernité : « … pour la première fois, au cours de l'histoire littéraire d'aucun peuple […] quiconque avec son jeu et son ouïe individuels se peut composer un instrument, dès qu'il souffle, le frôle ou frappe avec science ; en user à part et le dédier aussi à la Langue » (Mallarmé, 2003 : 207).

33 Quelle est la nature de la difficulté *liée à la poésie moderne ?*

Plusieurs termes reviennent régulièrement, dans la réflexion sur la compréhension, entre lesquels il faut distinguer : *difficulté, illisibilité, obscurité, hermétisme…* Une remarque, d'abord, qui concerne les trois premiers : leur usage nous situe dans le champ du relatif : un poème n'est jamais difficile, illisible ou obscur en lui-même, mais relativement à la compétence d'un lecteur, ou d'une classe de lecteurs, ou – ce qui revient au même – d'une époque. Le consensus, en cette matière, est affaire de réputation ; il relève de ces lieux communs « culturels » qui ne résistent pas à l'analyse détaillée d'un objet : telle page de Francis Ponge qui nous semblait limpide se révélera, à suivre la lecture qu'en donne Jean-Pierre Richard, d'une extraordinaire complexité ; telle autre, de Michaux, qui nous paraissait à première vue illisible, prendra naturellement son sens à lire l'ensemble de *Mes propriétés*. C'est pourquoi il est vain de prétendre fonder la moindre théorie sur de telles approches, comme le fait Witold Gombrowicz dans son *Contre les poètes* : le propos ne saura guère alors répondre qu'à une question subjective du genre : « Pourquoi est-ce que *je* n'aime pas la Poésie pure ? » (1988 : 43 ; je souligne). À quoi Jacques Roubaud répond : « Parce que la poésie du passé est déjà entrée dans la mémoire, dans la mémoire de la langue, donc indirectement dans la vôtre ; elle est déjà là, ce qu'elle est déjà acquis dans la langue s'absorbe alors sans l'effort nécessaire de pénétration, de perception de la poésie en tant que poésie... » (1995 : 266-267). En clair : vous n'aimez pas la poésie pure parce que vous n'aimez pas assez la poésie.

Ce qui est à penser, en revanche, dans la question de la difficulté, de l'illisible et de l'obscur, c'est la position du jugement, et ses conséquences pour le poème. Un tel jugement est autant une émanation du texte qu'une manière de le modeler, ou de le configurer. De l'inscrire dans une certaine sorte de difficulté ou d'illisibilité. Une manière, en retour, de disposer le lecteur face à lui, d'y définir sa position. Ainsi, parler de la difficulté d'un texte, c'est nommer cette relation, cette négociation active entre un récepteur et son objet, où chacun est appelé à définir sa résistance. Cette résistance n'est évidemment pas statique ; elle n'est pas un donné immuable, mais une construction toujours en voie de consolidation ou de dégradation. Il n'est en somme de difficulté poétique qu'en devenir. C'est dire qu'elle s'inscrit dans une histoire : l'histoire même de notre approche de la poésie. L'histoire du poétique en nous. Notre histoire personnelle de la poésie. Jacques Roubaud, toujours : « Si la poésie est liée à la mémoire, elle l'est à la mémoire de chacun ; si elle n'est pas, ou plus, dans votre mémoire, alors vous ne connaissez plus ce qu'est la poésie. La poésie que vous rencontrez est nécessairement étrange, inhabituelle, difficile donc, par non-familiarité, par perte de familiarité avec la poésie, avec toute poésie » (1995 : 266).

Toute lecture est prise dans cette histoire. La rencontre d'un poème ne peut se constituer en événement que dans la mesure où elle vient prolonger et rompre une suite de lectures, et à l'intérieur de cette suite, comme sa condition même, un héritage infini de lectures ; toutes ces lectures ont pris, dans la mémoire, un statut d'expérience, la consistance d'un acquis. Si bien que chaque lecteur, qu'il le veuille, qu'il le sache ou non, est un acquis de poésie. Plus cet acquis est vaste, plus il permet de reconnaissance. Ce qui peut se dire également sous une forme d'autant plus indiscutable qu'absolument tautologique : *plus on comprend de poésie, plus on comprend de poésie.*

La remarque vaut aussi bien pour le poète lui-même, pris à son tour dans l'histoire de sa compétence poétique. À ce point de la description, les notions de valeur, de puissance, de don, voire de génie n'ont rien à faire : un poète est d'abord, comme tout lecteur, l'enfant de ses acquis, c'est-à-dire de ses *événements* poétiques. Écrire un poème, c'est ainsi négocier avec cet acquis, l'activer, le convoquer afin, pour une part, d'en prolonger l'enchantement ; mais aussi, pour une autre part, de l'interrompre et d'y prendre place. De faire sonner ma voix propre au creux du mémorial de la poésie, en moi.

Ce parallélisme des deux situations, pourtant dissymétriques à tant d'autres égards, nous aide à nous représenter l'expérience si particulière et si frustrante de la difficulté en poésie. Et à comprendre notamment ceci : qu'il n'y a de résistance, entre un lecteur et un poème, qu'à partir de cette expérience préalable de maintes résistances intériorisées qui, entre admissions et refus, entre reconnaissances et étrangetés, constituent la mémoire du poétique, comme ailleurs, dans de semblables conditions sans doute, la mémoire du pictural ou du musical se constitue d'une somme de désarrois. Et ceci encore : qu'une mémoire n'est pas faite seulement d'une suite d'approbations ; que le nié, le « Comprends pas ! » dont parlait tout à l'heure Mallarmé, entrent pour autant dans son édification. Si bien qu'un poème resté apparemment obscur n'en est pas moins pleinement susceptible de prendre part à cette mémoire active du poétique, d'entrer en nous dans l'acquis de poésie. Notre mémoire poétique (et peut-être, plus largement, esthétique) se définissant ainsi comme la capacité à garder trace du sans-mémoire, à accueillir de l'immémorial. C'est pourquoi il y a sans doute une certaine inconséquence à vouloir faire des critères de réception et de compréhension, comme dans le texte de Gombrowicz, des garanties de poéticité. La question est évidemment à placer sur un autre plan, faute de quoi on se condamne à réduire l'expérience poétique à une banale herméneutique discursive. Elle doit être située sur un plan intérieur, tant il est vrai que l'obscur constitue l'essence, et pour ainsi dire l'exigence de poésie déposée en nous.

On a laissé de côté, jusqu'ici, la notion d'hermétisme. Il s'agit là d'une sorte particulière de difficulté, irréductible à la seule dynamique des résistances réciproques. Mallarmé, lui encore, s'étonnait que, seule entre les arts, la poésie ne dispose d'aucun arcane qui la défende contre les « curiosités hypocrites » des ignorants (« L'art pour tous » ; 2003 : 360).

> Ainsi les premiers venus entrent de plain-pied dans un chef-d'œuvre, et depuis qu'il y a des poëtes, il n'a pas été inventé, pour l'écartement de ces importuns, une langue immaculée, – des formules hiératiques dont l'étude aride aveugle le profane et aiguillonne le patient fatal...

On sait que cette vacance *a priori* du mystère dans le vers oriente toute l'œuvre poétique de Mallarmé. Elle le conduisit, comme dit Valéry, à « offrir aux gens ces énigmes de cristal » qui donnaient « à concevoir chez celui qui l'osait une force, une foi, un ascétisme, un mépris du sentiment général, sans exemple dans les Lettres » (1957 : 341). Énigme concertée dont Valéry résume parfaitement l'intention et dont il dessine la théorie : il s'agit de toucher le petit nombre non dans un souci d'élitisme raffiné ou fin-de-siècle, mais parce que « le petit nombre est fait de personnes suffisamment divisées » qui « abhorrent la similitude ». S'adresser à des êtres foncièrement dissemblables, c'est inaugurer un art poétique fondé sur la dissociation, ou la *distinction* d'avec toute forme d'usage, de familiarité et de stéréotypie ; c'est, en somme, remotiver la différence des vers et de la prose. « Que voulons-nous, – si ce n'est de produire l'impression puissante, et pendant quelque temps continue, qu'il existe entre la forme sensible d'un discours et sa *valeur d'échange en idées*, je ne sais quelle union mystique, quelle harmonie, grâce auxquelles nous participons d'un tout autre monde que le monde où les paroles et les actes se répondent ? » Par son lexique (*union mystique, harmonie, autre monde*), une telle profession de foi montre que l'hermétisme, si l'on veut bien donner ce nom à une telle attitude, n'est jamais très éloigné de ses origines transcendantes. Elle illustre surtout ce trait qui distingue l'hermétisme poétique : l'étayage d'une théorie de l'exclusion. Obscur, le poème hermétique ne l'est pas seulement au sens où un imaginaire résiste à un autre imaginaire ; il s'anime d'une intention où l'obscurité entre comme une part active de la poéticité, selon laquelle Poésie nomme un territoire retranché du langage, de la pensée et de l'activité humaine.

Breton ne pense pas différemment lorsqu'en 1944, retranché lui-même outre-Atlantique, il intitule significativement l'un de ses livres *Arcane 17*. « La pensée poétique, écrit-il, [...] est perpétuellement en garde contre tout ce qui peut brûler de l'appréhender : c'est en cela qu'elle se distingue, par essence, de la pensée ordinaire. Pour rester ce qu'elle doit être, conductrice d'électricité mentale, il faut avant tout qu'elle se charge en milieu *isolé* » (1999 : 38). Dans une perspective toute différente, Breton convoque ici maintes références à l'occultisme, au tarot, à l'alchimie (la dernière scène du livre a pour décor le square et la tour Saint-Jacques, à Paris), à seule fin de refondre « la revendication humaine [...] dans le désir sans frein du mieux-être collectif » (1999 : 58). Projet politique dont on ne perd jamais de vue l'essence poétique : « L'ésotérisme [...] offre au moins l'immense intérêt de maintenir à l'état dynamique le système de comparaison, de champ illimité, dont dispose l'homme, qui lui livre les rapports susceptibles de relier les objets en apparence les plus éloignés et lui découvre partiellement la mécanique du symbolisme universel » (1999 : 86). Et Breton de citer, à l'appui de son propos, les « grands poètes » (Hugo, Nerval, Baudelaire, Rimbaud, Apollinaire), tous conscients de liens nécessaires entre leur art et l'occultisme. Il ne peut cependant, à ce point du raisonnement, ignorer le paradoxe qui consiste à invoquer les savoirs occultes dans le sens d'une ouverture de l'art au « mieux-être collectif ».

Mais l'objection ne résiste pas devant ce ton à la fois expérimental et prophétique qui porte la signature de Breton, et auquel bien sûr Mallarmé restait étranger.

Quels points communs entre ces deux présentations de l'hermétisme poétique ? Cette idée d'un salut par l'art ; cette promotion de la poésie à un rôle collectif qui l'apparente, chez Mallarmé comme chez Breton, à un mystère sans transcendance : à une manifestation du mystère du monde où n'interviendrait la révélation d'aucun au-delà.

34 *À quel genre de compréhension donnent accès l'obscurité et l'hermétisme contemporains ?*

Les poètes ne vont pas de l'obscur à la révélation d'un sens, comme les mystiques. À l'inverse, leur travail part d'une évidence obscure pour construire le système de signes susceptible de la rendre intelligible et partageable.

Évidence tente de nommer ici le saisissement plus ou moins violent dont quelques poètes ont témoigné à la source de leur écriture. Rilke, par exemple, après l'achèvement des *Élégies de Duino* (voir question 41) ; ou Valéry, évoquant la germination rythmique du *Cimetière marin*. La métaphore visuelle qu'implique l'étymologie d'*évidence* échoue d'ailleurs à rendre compte du phénomène sonore dont font état un si grand nombre d'exemples qu'ils devraient nous obliger à remédier au défaut de la langue par un néologisme comme *exaudience*. Jean Tardieu dit « avoir toujours entendu une certaine voix qui résonnait en [lui], mais à une grande distance, dans l'espace et dans le temps. Cette voix ne s'exprimait pas en un langage connnu. [...] Elle ne [lui] était pourtant pas étrangère, car elle semblait avoir une sorte de sollicitude à [son] égard, une sollicitude tantôt bienveillante et rassurante, tantôt sévère, grondeuse, pleine de reproche et même de colère » (2003 : 1413).

Ce sentiment de la *voix autre* est particulièrement vif dans deux expériences rapportées en détail, l'une par Mallarmé, l'autre par Breton, et assez proches pour qu'on puisse les comparer. On trouve chez le premier, dans *Le Démon de l'analogie* (2003 : 86 *sq.*), le même récit de phrase intérieure que dans le *Manifeste du surréalisme* du second : d'un côté, « la Pénultième est morte » ; de l'autre, « il y a un homme coupé en deux par la fenêtre ». Dans les deux cas jaillit une formule imprévisible qui, comme dit Breton, ne porte « pas trace des événements auxquels, de l'aveu de ma conscience, je me trouvais mêlé à cet instant-là » (1988 : 324). Le saisissement du sujet est total. Non moins grand le désir d'explorer le phénomène, et de lui reconnaître une signification que la formule ne livre pas.

On note pourtant trois différences de taille entre les expériences, par ailleurs si proches, de Mallarmé et de Breton. Chez le premier, il s'agit d'un vers, ce que signale au « récepteur » la césure après *Pénultième*. Ensuite, le récepteur n'est pas en état de somnolence : il marche dans la rue. Enfin, la phrase est explicitement référée à une voix, ou plus précisément à « une aile glissant sur les cordes d'un instrument, traînante et légère, que remplaça une voix ». L'accumulation des mouvements, des « glissements » dit le texte, destine l'opération mentale à une fin et, pour ainsi dire, une cible dans la réalité : ce sera finalement la devanture d'une boutique de luthier où se trouvent rassemblés, comme leur soudaine objectivation, les éléments mêmes du fantasme : vieux instruments à cordes et ailes d'oiseaux anciens. Ainsi, dans un dispositif quasi filmique d'extériorisation, la voix intérieure a poussé le sujet à sortir (« Je sortis de mon appartement... ») et à déambuler vers la réalisation de la formule mystérieuse. Réalisation dont on ne peut douter, à la lecture, qu'elle soit l'effet d'une incarnation rythmique du vers dans la marche. En vérité, l'analogie était donnée d'emblée : ce que la voix *remplace*, dit Mallarmé, est à jamais perdu ; il s'agit, pour le poème, et très précisément pour le vers, de le faire advenir dans le monde.

Toute autre est l'expérience de Breton. Là, le sujet se trouve sollicité dans un demi-sommeil. Lui parvient une « phrase », d'un caractère nettement prosaïque (il n'en retient pas les mots, mais le sens seulement), et qui plus est, « distraite [...] du bruit de toute voix ». C'est précisément comme phrase, et même comme phrase écrite (puisque inentendue), que le fragment capte l'attention de Breton. Ce dernier n'est pas, à l'instar de Mallarmé, sommé d'en rejoindre le prolongement et la vérification dans le monde, mais dans le langage : « je n'eus vite d'autre idée que de l'incorporer à mon matériel de construction poétique. Je ne lui eus pas plus tôt accordé ce crédit que d'ailleurs elle fit place à une succession à peine intermittente de phrases qui ne me surprirent guère moins » (1988 : 325). Or, en un sens, toute l'entreprise de Breton, à partir de l'écriture automatique qui s'invente ici, consistera à incarner de semblables phrases dans une voix. De cette incarnation, Nadja sera notamment chargée : « Je ne veux me souvenir, écrit-il dans *Nadja*, au courant des jours, que de quelques phrases, prononcées devant moi ou écrites d'un trait sous mes yeux par elle, phrases qui sont celles où je retrouve le mieux le ton de sa voix et dont la résonance en moi demeure si grande » (1988 : 719). S'avouant, quelques pages auparavant, « en proie au démon de l'analogie » (1988 : 714), Breton, qui s'est toujours senti très proche du poème en prose de Mallarmé, ne fait que confirmer le destin sonore d'un hasard verbal qui, dans ses prémices, gardait le caractère sourd de l'écrit. En quoi son entreprise poétique prend, à la lettre, valeur et force d'*é-vocation*.

Ce sont là quelques figures de la naissance énigmatique du poème ; de *l'énigme comme naissance du poème*. Une voix, une phrase écrite, une rumeur, un simple signe lancent leur appel au sujet plus ou moins disposé à les recevoir. D'où venus ? Chez Lamartine, un familier de ces échos, c'était la voix de la Nature qui parlait, et à laquelle il suffisait qu'on se rende attentif. « Nature » nommant cette transcendance infiniment révélée par les paysages jusqu'en leur moindre détail, l'accord du monde visible et de l'idée de Création : une *harmonie poétique et religieuse*. De ces chants, Baudelaire ne retient déjà plus que les *correspondances* sensibles :

> La nature est un temple où de vivants piliers
> Laissent parfois sortir de confuses paroles...
>
> (« Correspondances », 1975 : 11)

Il est frappant de voir, chez Mallarmé puis chez Breton, le temple baudelairien, pleinement désaffecté, réinvesti en vue d'autres attributions non moins surnaturelles. Après tout, l'« Idée » (mallarméenne), la magie, l'« amour » (surréalistes), ou ailleurs l'Inconscient (chez Jouve, par exemple) pourraient assez bien tenir le rôle de ces transcendances sur le fond desquelles s'était jusque-là écrite toute poésie ; maints critiques, plus ou moins bien intentionnés, n'ont d'ailleurs pas manqué de le souligner. Ce serait pourtant oublier que, comme le rappelle Marie-Claire Dumas à propos du surréalisme – mais la remarque vaut bien au-delà –, l'initiation poétique reste toujours située dans le *hic et nunc*. Depuis un certain tournant du XIXᵉ siècle, la poésie est devenue cette expérience totale vers où convergent une présence immédiate au monde et toutes les contreparties en négatif de cette présence : sa part d'indicible, son énigme, les connexions mentales les plus imprévisibles qu'elle galvanise, son imaginaire, son inconscient... Quel que soit le point de vue adopté pour décrire ce négatif – et chacun ne peut être forcément que limité –, il évoque une autre scène qui, certes, ne doit plus rien à celles des anciennes transcendances religieuses, qui partage pourtant avec elles ce désarroi de la parole devant un objet qui en contredit l'usage dominant. Cet objet peut revêtir l'apparence la plus modeste, la plus négligeable, ou la plus prosaïque. Lord Chandos nous a appris depuis longtemps à préférer même le silence des « objets misérables et grossiers » (1992 : 11 ; voir question 15). C'est ce silence qui forme désormais le noyau dur de l'expérience poétique. Au-delà des différences de « pensée », tous les poètes de la modernité se rencontrent devant cette vérité que *le monde n'a plus de voix*, et que cette lacune décide du travail du poème. Car s'il en est ainsi, une seule tâche désormais s'impose : dire, d'un même mouvement, ce monde et son silence ; donner au « monde muet » une parole qui implique son mutisme. Que fait Francis Ponge, lorsqu'il intitule « L'huître » un des poèmes du *Parti pris des choses* ? Il ne *décrit* pas un objet : il lui *donne sa parole propre*, reconnaissable comme telle à une manière d'exprimer le rapport particulier qu'il entretient avec le langage – dans la réalité comme dans l'imaginaire collectif. Ce n'est donc finalement pas tant l'objet qui importe, qu'une certaine relation à la parole signifiée par l'objet. Saisir cette relation au point où il l'incarne pleinement, y enfoncer le coin de la langue commune et la voir, en retour, se déformer d'autant, voilà le genre de « compréhension » que (et auquel) nous expose le poème. Compréhension double puisqu'en même temps qu'elle lève le voile sur un morceau de réalité, elle éclaire le langage d'une lumière neuve.

35 Le nouveau, la « néologie » : est-ce là ce qui est toujours à comprendre dans la poésie la plus contemporaine ?

Parmi les divers critères impliqués dans son jugement, le critique moderne, distinct en cela de l'amateur du XVIIe ou du XVIIIe siècle, par exemple, fera figurer en bonne place... la modernité même. Cela, au nom d'une sorte de morale, ou d'hygiène fondée sur ce qu'on pourrait appeler le principe antipléonastique, qui s'énoncera ainsi : *n'a pas à être redit, dans les formes où il fut énoncé, ce qui a été dit une fois.* Remarquons, au passage, que l'antipléonasmie esthétique concerne ici les formes plutôt que les motifs eux-mêmes : peu importe qu'on revienne sur tel ou tel thème éculé (les saisons, la beauté de la femme, le paysage des villes...), pourvu que les formes du poème (et conséquemment, sans doute, celles des saisons, de la femme, des villes aussi) soient, elles, inouïes.

Pourtant, même appliqué aux manières seules, le critère néologique reste flou. Qu'est-ce d'ailleurs qu'une forme neuve ? Pour répondre à cette question, il faudrait posséder premièrement une immense mémoire des formes antérieurement produites ; et deuxièmement, une définition de la notion de forme en poésie si précise qu'elle nous permettrait de distinguer avec sûreté, ici le formé, là l'informe. Deux conditions évidemment irréalisables, propres donc à rendre hasardeux ou utopique tout jugement qui, dans l'ordre qui nous occupe, porterait essentiellement sur la néologie de ses objets.

On en est donc réduit aux appréciations empiriques, hypothétiques, incertaines, exactement comme au temps où prévalaient d'autres catégories tout aussi incertaines : beauté, moralité ou inspiration... Un regard flou sur une réalité diffuse : telle est fatalement notre lecture des poèmes au présent.

Pas assez flou, pas assez diffuse, toutefois, pour qu'échappe au premier lecteur venu ce constat : que, du simple point de vue des formes, notre présent poétique est composé d'autant de tradition que de rupture, d'autant de lisible que d'illisible, d'autant de familier que d'étrange. Ainsi, les poèmes éclatés d'Anne-Marie Albiach voisinent avec les alexandrins de William Cliff ; les effets

grammaticaux d'Olivier Cadiot avec les poèmes mesurés de Guy
Goffette… « Le premier constat objectif devrait être celui de la
complexité mouvante de la situation, conclut Jean-Marie Gleize »
(Grégoire, 1990 : 244).
Mais, plus que des œuvres, le critère néologique se nourrit
d'un discours théorique abondamment fourni par les poètes eux-
mêmes. L'appartenance à la modernité poétique y passe chaque
fois par une délimitation des territoires, selon des modèles qui
relèvent moins du manifeste que du tableau d'honneur – mais
nous savons bien, depuis Breton et le *Manifeste du surréalisme*,
que les deux sont liés. Il suffit, par exemple, de consulter la définition de la modernité que propose Christian Prigent dans *À quoi
bon encore des poètes ?* pour constater cet affleurement des métaphores géographiques, et leur sens d'exclusion :

> J'appelle ici *modernité* l'objet de ce désir qui pousse quelques-uns à
> ne pas se contenter de l'expérience du monde telle que les langages
> communautaires la représentent, à vivre toute langue comme *étran-
> gère*, et donc à refonder un langage (à « trouver une langue »,
> disait Rimbaud) pour re-présenter autrement ces représentations.
> J'appelle *modernisme* le goût pour ce qui érode l'assurance des
> savoirs d'époque, défait le confort formel, déroute les représenta-
> tions, propose moins du sens qu'une inquiétude sur les conditions
> même de production d'un sens communément partageable.
> J'appelle *modernes* ceux dont la passion vient mettre sous tension
> contradictoire, d'un côté la leçon pacifiée des bibliothèques et des
> musées, de l'autre le troublant tumulte du présent, ceux dont la
> « nouveauté » perturbe alors le goût dominant et déplace les
> enjeux de l'effort stylistique. (1994 : 10)

Refonder un langage, éroder l'assurance des savoirs
d'époque, défaire le confort formel, inquiéter les conditions de
production du sens, perturber le goût dominant : tels sont les
actes fondateurs d'une modernité qui tend à se confondre avec
l'étrangeté même de la parole. « Il n'y a d'art que… moderne, dit
ailleurs Christian Prigent. Cette perspective impose une sorte
d'équation entre littérature "moderne" et littérature "difficile"
ou même "illisible" » (1992 : 5). Équation simple, qu'on peut
sans trop de dommages résumer ainsi : plus un texte est étrange,
plus il perturbe le langage dominant, et plus il appartient à la

modernité. « Les modernes sont illisibles, dit encore Prigent, parce que les illisibles sont modernes. » Propos auquel le poète ajoute immédiatement l'illustration d'un repérage territorial : « J'appelle "littérature moderne" ce qui, dans la bibliothèque du XXe siècle, me semble témoigner de cette crise et de sa résolution stylistique : Joyce, Artaud, Céline, bien sûr. Mais aussi Khlebnikov, Maïakovski, Cummings, Gadda, Gertrude Stein… » (1996 : 19). Si le concept de modernité est l'instrument par lequel un *nous* tente d'appréhender son attache au présent, il faut alors reconnaître que cette valorisation de l'inouï exprime plus qu'une position critique : un critère (un cri) de ralliement collectif. Une sorte d'intransigeance propre à répondre, dans sa difficulté revendiquée, à cette autre essentielle difficulté : penser le rassemblement d'un *nous*, tandis qu'il ne cesse de fuir de toute part en d'infinies ramifications communautaires. C'est pourquoi, premier constat, l'équivalence de la modernité et de la difficulté répond en fait à un profond vœu de (ré)unification historique.

Cependant, ce que nous nommons « illisible », « inouï » ou « étrange » renvoie à une catégorie d'expériences éminemment transitives, transversales, irréductibles aux frontières et aux délimitations géographiques. Pourquoi ? Sans doute parce que, pas plus que le « difficile », ces critères ne présentent de caractères stables. Ils ne prennent sens que dans un contexte, c'est-à-dire un ordre du temps. Un texte n'est pas étrange, ou difficile, ou illisible en lui-même, on l'a dit, mais par rapport à des états de la familiarité, de la facilité et de la lisibilité. États hautement variables dans le temps, mais aussi selon les compétences individuelles ou collectives. L'étrange, comme l'illisible selon Barthes, nous dit qu'une écriture tient ses pouvoirs de ses déterminations historiques.

Là réside le ressort de la fascination pour l'étrangeté dans le poème : une puissance équivoque d'attirance (pour un sens, des vérités, des figures de jouissance…) et de répulsion (à l'égard de ce qui n'est encore advenu ni au sens, ni à la jouissance, ni à la vérité) nous retient autour de l'étrange, dans ce suspens tout entier béant sur un à-venir. Ou, pour en appeler ici à d'autres modèles de pensée, l'étrangeté est comme la signature tangible de ce crédit sur le futur qu'exigent toujours de nous les œuvres du présent. Si bien que ce qui nous fascine dans les discours « étranges » de la poésie pourrait bien n'être que le démon temporel qui s'y manifeste. À savoir : une manière de négocier, en le recréditant d'un futur dans la langue, ce que le présent nous livre précisément dans sa caducité, comme sans futur, sans devenir, indépassable, voire innommable, ou irreprésentable, et pourtant là. Quoi ? « Violangue », dit Jean-Pierre Verheggen ; « alangue », dit Prigent ; « meurtrissure », « blessure », « énigme » dit Anne-Marie Albiach. Autant de mots qui tentent de désigner, fût-ce par néologie, une relation entre la langue et le corps ; comme si une certaine violence visait en lui, précisément, cette caducité ; comme si le *blesser*, le *meurtrir*, c'était aussi s'en prendre à sa nature périssable pour mieux la dépasser.

« Il y a une étrange beauté dans cet aplatissement, écrit encore Christian Prigent commentant un poème de Verheggen : l'amour d'une langue désaliénée de l'injonction d'avoir à dire, une langue [...] qui peut alors tout intégrer, tout dire [...] : une matière de langue travaillée par son refoulé dialectal qui la hache, la scande et la jette dans une sorte de glossolalisme vernaculaire où l'auteur peut alors affirmer son je... » Dogme psychique, moral et politique ici reversé sur la langue : que toute perturbation des formes (lexicales, syntaxiques...) équivaut à une libération des énergies.

Au centre de ce dogme se tient la problématique de l'étrange. L'idée d'une beauté de l'étrange n'est pourtant pas tout à fait neuve. Toute une tradition accrédite l'alliance oxymorique de la beauté et du bizarre, depuis l'irrégularité baroque jusqu'au sentiment de l'extraordinaire (*odd*) que Baudelaire traduit de Poe, et c'est même l'une des constantes les plus assidues de l'esthétique occidentale. On se souvient, pour l'exemple, qu'elle apparaît tout naturellement sous la plume de Théophile Gautier dans le poème d'*España* que ce dernier consacre au peintre Ribeira :

Et tu sais revêtir d'une étrange beauté
Ces trois monstres abjects, effroi de l'art antique,
La Douleur, la Misère et la Caducité [...]
Il te faut des objets sombres et violents
Où l'ange des douleurs vide ses noirs calices,
Où la hache s'émousse aux billots ruisselants.

L'étrange beauté de la poésie « moderne » entre dans cette histoire-là, qui sans fin réactive le mouvement, le glissement d'un terme à l'autre : de l'étrange à la beauté ; de la beauté à l'étrange. Mouvement jamais achevé, qui toujours met l'alliance en tension. D'une part, l'étrange seul renverrait son objet à une singularité irrecevable, d'une qualité si étrangère à tout système de valeur qu'elle en disséminerait la qualification même, qu'elle en deviendrait proprement dis-qualifiante. Mais la beauté seule, de son côté, nous renverrait à une illusion irénique incompatible avec le « désenchantement de soi » que nous enseigne la poésie. Dans ces conditions, « étrange beauté » ne peut guère que mettre en œuvre le passage, creuser l'espace entre deux incompossibles : non pas beau *quoique* étrange ; mais beau *parce qu'*étrange ; voire : étrange *bien que* beau.

C'est ce passage qui nous intéresse dans l'étrangeté du langage poétique, plus que partout ailleurs. Parce que le poème en est le lieu même. Qu'en se défigurant lui-même, ou se « désaliénant », ou se « désaffublant » (Denis Roche), il accomplit le geste de « dé-figurer la convention écrite » elle-même (voir question 19). Et c'est sans doute ce mouvement que désigne Denis Roche lorsqu'il propose de remplacer la versification par l'idée de scansion, ou de pulsionnel : « Récupérer l'idée de scansion. Celle-ci ne serait plus l'art d'évaluer la mesure des vers [...] mais la science par tous les moyens des modes d'alternance pulsionnels (la pulsion pouvant désigner l'unité d'énergie dans le poétique). Certaines pages d'*Éros énergumène* seraient à étudier à ce seul niveau de bousculade pulsionnelle. »

Nous en sommes là. Ou plutôt, nous en étions là en 1968, au moment où Denis Roche écrivait ces lignes. Depuis, pas mal de « pulsionnel » est passé par le lit de la poésie – et en cela, Roche fut prophète. Un joli mot, d'ailleurs, ce pulsionnel. On y entendrait volontiers une résurgence de l'« étrange beauté », trempée seulement d'inconscient. Car en somme, que prônait d'autre Gautier, lorsqu'il parlait de *l'ange des douleurs vidant ses noirs calices* ; que visait-il d'autre qu'une de ces figures prémonitoires de l'inconscient, du pulsionnel justement, dont le romantisme noir fut si friand ? Si bien que le pulsionnel pur de Denis Roche encourt le même procès que l'étrange confiné dans sa pure étrangeté : d'une part le pulsionnel, en désaliénant la langue, risque de l'aliéner dans un ego (et est-ce un hasard si Denis Roche choisit, pour illustrer l'efficacité du pulsionnel... sa propre œuvre,

Éros énergumène ?) ; d'autre part – mais ceci n'est que la suite naturelle de cela –, l'étrange, comme le pulsionnel, s'expose à refermer toute l'expérience de lecture sur sa propre contemplation. C'est pourquoi tant de poèmes qui brillent par étrangeté nous restent totalement dépourvus d'incitation à lire. On s'interroge un instant. Puis on referme le livre. De même qu'il est, comme le rappelle Michel Jarrety, « un illisible qui sollicite » et un qui « tout à l'inverse congédie », il est une étrangeté qui ouvre la lecture, une autre qui la clôt.

La beauté, qu'on peut être surpris de voir revenir dans ce contexte, serait donc seulement le nom d'une certaine sollicitation à lire : le terme du mouvement engagé par l'étrange. Sans doute notre seule manière de négocier encore avec la beauté, bannie de toute part, est-elle ce blanc-seing de l'étrange, qui la dédouane de tout idéalisme, et la réhabilite comme la modeste merveille d'un *continuer-à-lire, continuer-à-écrire – continuer-à-vivre*, malgré tout.

Étrange beauté : non pas l'aplatissement de la langue dont parlait Prigent ; son trajet, au contraire, son mouvement, son creusement. On en trouve l'expression, au détour de l'un des plus étonnants, des plus étranges livres de poésie parus ces derniers temps : *Abruption* de Patrick Wateau.

> Une condition mortelle, puis deux.
> Les hommes passent de l'une à l'autre
> et rincent plusieurs fois l'intérieur du caillou.
> Plusieurs fois sa puissance de seuil.

Nul ne peut savoir, évidemment, ce que *dit* ici le poème. Et cette ignorance m'introduit d'emblée à son étrangeté. Mais le doublement de la condition mortelle, cette sorte de revanche du deux sur l'un de la mort, dite en deux mots, est déjà au moins un paysage métaphysique. Ce paysage ne serait rien sans son pendant du côté de la *phusis*. Car ce cosmos qu'on dit, qu'on constate si absent de notre poésie, le voici repris en main, ici, sous la forme d'un caillou. Avec l'humilité dont l'ont lesté un Ponge ou un Follain, bien sûr ; mais aussi avec sa puissance métonymique héritée de toute une histoire des cailloux, de Segalen à Caillois ou à Bonnefoy. Un caillou, cependant – et c'est là proprement sa beauté –, qui ne se contente pas d'opposer aux hommes sa *matière têtue*, comme dit Bachelard ; un caillou qui posséderait un intérieur, et avec lequel les hommes entretiendraient une sorte de familiarité domestique, marquée ici par l'acte familier et rituel de rincer. Étrange beauté, oui, qui consiste à reprendre le monde où l'histoire nous le donne, et à lui appliquer, si l'on ose dire, un traitement de langue : c'est-à-dire à le creuser – qui est la méthode même de l'étrangeté, et notre seule chance de l'élucider un peu.

VIII

QUELQUES FIGURES
DE L'INCOMPRÉHENSION
(ET LEUR THÉRAPIE)

36

Quel rapport entre incompréhension et indifférence ?

Chaque poème nous initie à une différence. Avant de se demander entre quoi et quoi intervient la différence, il vaut la peine de s'interroger sur ce que peut être en elle-même la différence poétique. Dans le récit qu'ils font de la venue du poème, certains poètes soulignent ce surgissement de l'inouï, et l'étrange sentiment de dépossession qui l'accompagne : comme si celui qui parle n'était plus tout à fait le moi conscient, lucide et décidant. Cette surprise du soi-autre, on l'entend, par exemple, dans la lettre que Rilke adresse à Marie de la Tour et Taxis le jour où il termine les *Élégies de Duino* :

> ... la main me tremble encore ! À l'instant, ce samedi 11, vers les six heures du soir, elle [la dernière élégie] vient d'être achevée ! Le tout en quelques jours ; ce fut une tempête qui n'a pas de nom, un ouragan dans l'esprit [...] ; tout ce qui est « fibre et tissu » en moi, a craqué, – quant à manger durant ce temps, il ne fallait pas y songer, Dieu sait, qui m'a nourri. (1976 : 500-501)

Craquement auquel il ne faut pas craindre de donner le nom d'*extase*, pris dans son sens étymologique. Car c'est bien d'une *sortie hors de soi* qu'il s'agit ; de l'expérience d'une différenciation entre soi et soi : la main qui *tremble encore* n'est plus tout à fait celle qui a écrit ; son tremblement est comme un prolongement du rêve dans la réalité ; et le moi qui constate « cela est » n'est pas celui qui a pu vivre sans se nourrir. Faut-il donc comprendre que le poème nous expose à une expérience de la dissociation du sujet, à une perte de son unité ? En un sens, oui. Au sens exact où, notre vie mentale entremêlant des lambeaux d'expérience, superposant des moments d'attention éphémère, l'art rompt avec ce temps morcelé pour projeter dans des œuvres, par les moyens les plus divers, l'image d'une *autre* existence, d'un temps (ré-)unifié.

La différence à laquelle nous initie le poème tient à l'invention de ce temps. Rilke en livre l'essence dans ces vers de la *Neuvième élégie*, justement :

> Nous, périssables plus que tout.
> *Une* fois
> chaque chose ; *une fois* seulement. *Une* fois et pas plus.
> Et nous aussi, *une* seule, une *unique* fois ; jamais plus. (1976 : 337)

Au cycle des répétitions, à la monotonie d'une durée morne, au temps laborieux, l'*Élégie* rilkéenne oppose la grâce de la primultimité : de l'*une fois*, elle tire notamment le sens du poétique. Quelques vers plus loin, en effet, il ne fait guère de doute (si du moins l'on veut bien suivre la traduction d'Armel Guerne, dont le texte diffère assez considérablement ici de celui de Lorand Gaspar) que ce voyageur qui redescend vers la vallée soit une allégorie du poète. Il a la main pleine non pas « de la terre ineffable à eux tous » (1976 : 338), mais d'« un mot formé qu'il y cueillit, un mot pur : une gentiane / jaune et bleue ». L'unique, le *une fois* est donc ce terreau qui permet l'éclosion des mots dans leur acception pleine.

> *Ici*, peut-être y sommes-nous pour dire : Maison, Pont, ou Fontaine, Porte, Verger, Jarre, Fenêtre... [...] mais dire, comprends-le,
> oh ! le dire tellement, que les choses jamais, au plus intime d'elles-mêmes,
> n'eussent imaginé l'être !

Ce *dire* unique est une manière de saisir les choses dans leur totalité et dans leur unicité. D'appréhender en elles ce que leur nature périssable leur confère d'irremplaçable. Mais que viennent faire la gentiane, son jaune et son bleu, dans cette métaphysique du temps ? Comme presque toujours chez Rilke, la fleur est le témoin le plus frêle d'une vérité cosmique. Elle nous apprend ici que, pour traiter avec le monde et (c'est une seule et même approche) avec notre mortalité, il suffit qu'on sache un jour nommer les choses dans leur différence. Les couleurs de la gentiane, ce jaune et ce bleu que Rilke commentera si souvent chez Cézanne, résument la différence irréductible dans laquelle s'isole et se perpétue la fleur. Elles constituent une leçon de singularité à laquelle seul le langage, en vérité, nous donne accès.

Mais à travers toute l'*Élégie* se profile aussi le drame de cette différence. Si le langage est bien l'instrument optique qui nous permet de la saisir et, comme dans le tableau de Cézanne, d'en apprécier la valeur, il est aussi ce qui l'anéantit. Le jaune et le bleu de la fleur ne sont encore qu'*un* jaune, qu'*un* bleu ; rien là qui définisse telle ou telle gentiane en particulier. Et la tension vocative de l'*Élégie* (« Chante le monde à l'Ange... montre-lui donc, simple, la chose... », 1976 : 339) doit s'entendre aussi comme l'effort qu'oppose la parole à sa propre puissance d'indifférenciation.

Semblable drame apparaît également, mais combien plus pathétiquement encore, dans l'aventure d'Henri Michaux. Là, si l'on en croit, par exemple, *Lointain intérieur*, l'alphabet, les mots viennent trouer l'enfermement initial du sujet. Mais le trouer de telle sorte que cette fois la moindre unité ne puisse être reconquise. Doté de parole, l'être qui dit *je* se multiplie : « On n'est pas seul dans sa peau, dit-il » (1998 : 79). Avec le langage, c'est la diversité et le remuement du monde qui le traversent. Il s'expose. Il devient nombre, mouvements, écoulements, roulements sans fin. « Je fus toutes choses » (1998 : 479). Seuls les mots pourraient, dès lors, mettre fin à cet éparpillement ; mais ils échouent à nommer ce qu'ils ont déclenché, et à offrir ainsi un peu du repos espéré. L'œuvre sera cette « longue lutte pour imposer des noms aux zones décrétées indicibles sur le rejet desquelles le langage, *par essence*, assied son accomplissement même » (Loreau, 1980 : 21).

On pourrait, dans un temps où la poésie est devenue de plein droit une activité *critique*, occupée au discernement du moi et du monde, multiplier les exemples qui illustreraient tous finalement cette idée : que l'expérience poétique est à la fois une épreuve de la séparation de l'être, et l'entreprise de sa réparation. Une dialectique de l'écartement et de l'unité par le langage. « L'esprit, dit Novalis, indique un équilibre rompu ; il est le résultat de la rupture et en même temps le moyen de la réparer » (1992 : 194). On voit qu'une telle définition de la différence met en lumière une valeur d'activité intense. Différenciation plutôt que différence ; processus infini de mise à l'écart, d'isolation, de quarantaine. Et, de façon concomitante, recueillement, recentrement sous la lumière toujours instable, toujours menacée, du Nom. Je « m'unis à l'Escaut, dit Michaux. [...] Subitement, ayant renoncé à tout, je me trouvai..., je ne dirai pas à sa place, car, pour dire vrai, ce ne fut jamais tout à fait cela. Il coule incessamment (voilà une grande difficulté)... » (1998 : 559). S'agit-il de s'unir au fleuve, ou plus probablement à son nom qui, de façon si engageante, offre déjà, à la rime, quelque parenté avec celui du poète ?

Lire Rilke, lire Michaux, c'est d'abord entrer dans l'expérience de cette différence active. Autant le dire, cette entrée n'est pas dépourvue de complexité. Elle exige notre victoire sur une indifférence qui n'est rien d'autre qu'une forme d'aveuglement envers les puissances de différenciation à l'œuvre dans le langage. Ces puissances, nous les mobilisons à chaque instant dans la parole sans le savoir. Elles animent l'activité de séparation, de classement, de délimitation qu'exerce la moindre de nos interventions parmi les choses. Mais dès qu'elles se présentent sous la forme ramassée et frontale d'une page de poésie, elles nous laissent indifférents : nous ne les reconnaissons pas et nous en désintéressons. C'est que dans cette saisie immédiate, visuelle ou mentale, le poème nous semble justement privé de ce qui fait l'efficacité des puissances en question : leur mobilité. Dressés comme une stèle, fixés et figés dans la blancheur, ces vers – pour peu qu'ils en soient – alignés et tous de même longueur, ce ronronnement promis, peut-être, des alexandrins, nous apparaissent à l'inverse comme une effigie de l'indifférenciation, comme un appel à notre indifférence. Et nous avons bientôt fermé le livre.

Il faut du temps pour entrer dans le poème. Du temps, de la patience pour éprouver en acte l'énergie de la différence. Parce que, justement, le poème n'est pas un donné, pas même une forme, mais un processus et une formation. Ce temps, cette patience sont ceux de la lecture. Commencer à lire un poème, c'est franchir le seuil d'une indifférence au langage et c'est sans doute dépasser exemplairement le seuil de toute indifférence. Ce que Nietzsche, dans *Le Gai Savoir*, appelle « apprendre à aimer » : « Nous finissons toujours par être récompensés pour notre bonne volonté, notre patience, notre équité, notre tendresse envers l'étrangeté, du fait que l'étrangeté peu à peu se dévoile et vient s'offrir à nous en tant que nouvelle indicible beauté » (1982 : 223).

37 — *Quel rapport entre incompréhension et ignorance ?*

L'aphorisme de Nietzsche cité plus haut part d'une réflexion sur la musique. « Voici ce qui nous arrive dans le domaine musical : il faut avant tout *apprendre à entendre* une figure, une mélodie, savoir la discerner par l'ouïe, la distinguer, l'isoler et la délimiter en tant qu'une vie pour soi. » *Apprendre à entendre, savoir discerner*, dit Nietzsche. Les œuvres de la poésie aussi exigent de nous cette propédeutique. C'est évident lorsqu'elles mobilisent explicitement tel ou tel pan du savoir.

Ainsi, on a souvent rangé l'œuvre de Saint-John Perse parmi les entreprises encyclopédiques du XXᵉ siècle (voir, entre autres, Roger Caillois, « Une poésie encyclopédique », 1972 : 199 *sq.*). De fait, le *devisement* du monde y atteint une dimension qui rappelle, par exemple, le genre antique du poème didactique. Les énumérations d'objets ou de fonctions, les litanies de mots rares (*scille, accore, achaine, natron, buire, falun...*) imposent l'idée d'un inventaire général du magasin du monde. Face à cette ambition de totalité, le lecteur est sommé d'admettre son ignorance, sa petitesse et son dépassement. Comment lire, par exemple, ce fragment d'*Amers* ?

Et la couleur du monde restituée : entremetteuse et mérétrice ! La
mer est là, qui n'est plus songe... (1972 : 345)

Le mot *mérétrice*, que Littré n'atteste pas même, rencontre l'incompréhension. Est-il de nature à dissuader la lecture ? Saint-
John Perse, avec une maîtrise parfaite des phénomènes d'exclusion et de captation, prévoit de nous faire lire ce mot autrement
que dans la chaîne des significations. Il le tisse avec *entremetteuse*, lui bien connu, pour l'envelopper dans un mouvement alli-
tératif qui nous dispensera finalement d'interroger le lexique.
Apollinaire fait de même quand, dans le même poème, il « explicite » *égypan* par *satyre*, et *pyrauste* par *feu follet*. L'inconnu, en
effet, ne fait obstacle que dans un premier temps ; l'étrangeté
exerce assez vite sur le lecteur une séduction qui le conduira, dans
le cas présent, à répéter intérieurement la chaîne sonore, à la
savourer pour elle-même, « en tant qu'une vie pour soi ». Le
détour par les modèles musicaux n'est pas ici fortuit. La musique
partage avec la poésie ce pouvoir d'accoutumance (Nietzsche dit
d'habitude) capable de faire de nous *les amants humbles et ravis*
d'un objet proprement incompréhensible. L'une et l'autre éclairent ainsi d'un jour nouveau les mots de *compréhension* et d'*incompréhension*. Le clivage n'y passe plus par la réception ou non
d'un sens ; il s'éloigne de l'intellection pour approcher le sensible.
Mais ce n'est pas encore de ce côté que le couple antinomique
s'élucide. C'est plutôt dans le contact établi à notre insu entre une
forme et une fonction. *Mérétrice* est simplement un mot latin
(*meretrix*) qui signifie « courtisane, femme publique ». Pas besoin
d'aller voir : la tresse sonore assimilait les mots ; elle nous persua-
dait assez de leur ressemblance *en tous sens* pour que nous com-
prenions, c'est-à-dire que nous avancions dans la forme avec l'assurance que la fonction suivait. Cette certitude émane de l'œuvre,
de la même façon qu'une musique nous conduit à l'aimer en liant,
dans son processus, une évidence formelle et une évidence émo-
tionnelle : en créant une *forme-sens*.

Naturellement, certaines ignorances sont plus diffuses.
Encore que l'ignorance se situe toujours au plan de la localité :
elle ne sait pas, comme la bêtise, se faire visionnaire. Une ignorance multipliée, ce n'est encore qu'une pluralité de points
aveugles. Elle ne constitue pas un système d'ignorance. L'ignorant

est un myope ; un tenant du petit point. Dès que l'obscurité devient endémique, dès qu'elle gagne le paysage comme une brume, c'est qu'une autre dimension plus générale est entrée en jeu : indifférence ou refus sourd. On peut ignorer beaucoup, dans un poème, sans que sa capacité de poésie en soit affectée. À l'inverse (vérification par l'absurde), il ne suffit pas de n'y rien ignorer pour qu'il devienne compréhensible. *Les Douze Questions de mendicité* de Patrick Wateau se présentent sous la forme de douze questions suivies de douze réponses. On lit la douzième question : aucun mot qui ne soit connu :

> Savoir si le monde des coups, serrements efforts et chutes aura repos.

De même pour la réponse :

> Flairée sur de grands linges,
> la terre,
> nous la flairons
> et nous faisons griller la laine grasse des brebis
> pour ne pas être seuls. (1997)

Ce qui reste obscur, ici, malgré la limpidité de la langue, c'est ce qui relie la réponse à la question. Le poème garde secrète la sorte de logique dans laquelle s'articulent les deux propositions. Cette ellipse n'est d'ailleurs pas pour rien dans la portée poétique du dialogue, comme si deux voix très éloignées l'une de l'autre, deux intelligences ou simplement deux langues tentaient de se rejoindre. Serions-nous également intéressés par ce texte si la relation entre réponse et question était seulement plausible ? Probable que non.

Quel rapport entre incompréhension et malentendu ?

Quelques années après son fameux procès, Baudelaire envisageait d'écrire une « Histoire des *Fleurs du mal* ». Une note de *Mon cœur mis à nu* l'atteste : « Histoire des *Fleurs du mal*, humi-

liation par le malentendu, et mon procès » (1975 : 685). Le mot
malentendu est troublant. Et ce syntagme, plus encore : *humilia-
tion par le malentendu*. Car enfin, le malentendu n'a de raisons
d'être humiliant que pour ceux qui le produisent. À moins que
Baudelaire entende qu'il a été humilié *à cause* d'un malentendu...
Mais alors qu'y a-t-il d'humiliant *en réalité* pour lui, s'il s'agit
d'un malentendu et qu'il était de bonne foi ? Le malentendu pose
d'abord ici la question des intentions. Quelle fut celle de
Baudelaire, en écrivant les *Fleurs* ? Et celle du pouvoir, en le
jugeant, puis en le condamnant ? Le poète s'étonnait si fort que la
sienne n'ait pas été comprise, qu'il escomptait quelque réparation
d'honneur à l'issue de l'affaire. Et certes, il avait motif à protester
de son innocence puisque, littéralement, il n'avait jamais souhaité
porter atteinte à la morale publique. Ses détracteurs, de leur côté,
jugeaient de l'effet de l'œuvre, des images qu'elle construisait, en
n'y voyant que la manifestation concertée d'une théorie de la
mimésis : « Son principe, sa théorie, s'écrie le substitut Pinard
dans son réquisitoire, c'est de tout peindre, de tout mettre à nu »
(1975 : 1206). L'expression est savoureuse : dans une logique
implacable, c'est précisément le nu que les juges pourchasseront à
travers le livre. Le malentendu porte donc exactement sur le sens
de cette expression : *mettre à nu*. Lorsque, après sa condamnation, en novembre 1857, Baudelaire adressait une supplique à
l'impératrice, il pointait très exactement ce détail : « J'avais cru
faire une belle et grande œuvre, surtout une œuvre claire ; elle a
été jugée assez obscure pour que je sois condamné à refaire le
livre... » (1973 : 432). Qu'est-ce qu'une « œuvre claire », si ce
n'est une œuvre qui manifeste elle-même sa vérité sans
ambiguïté ; c'est-à-dire, ici, la vérité de ses intentions ? Obscure,
au contraire, elle trahit un fond de duplicité et de tromperie ; si
bien que le malentendu est porté au discrédit non des hermé-
neutes, mais de l'œuvre elle-même. Il faut en appeler, pour comprendre cette logique, à l'idée classique selon laquelle la perfection doit être sans ambages, comme la langue sans équivoque.
Maints poèmes des *Fleurs* démontreraient qu'en réalité,
Baudelaire ne se rallie plus à cette logique. Et n'était la majesté
impériale devant laquelle il se prosterne en un geste assez pénible
à voir, il serait bien le dernier à admettre que son œuvre est
« claire »... (On se souvient du mot de Valéry : « Un ouvrage est

d'autant plus *clair* qu'il contient plus de choses que le lecteur eût formées lui-même sans peine et sans pensée », 1960 : 559). De son côté, Pinard a beau accuser le prévenu d'indécence, il ne manque pas de mesurer assez bien l'abîme qui sépare, dans *Les Fleurs du mal*, le plan esthétique (Baudelaire fait, dit-il, « la contrepartie du classique, du convenu, qui est singulièrement monotone et qui n'obéit qu'à des règles artificielles », 1975 : 1206) et le plan moral (« le juge n'est point un critique littéraire... »). Il ne peut d'ailleurs manquer de relever implicitement la contradiction dans laquelle il s'enferme : ces « règles artificielles » du classique auxquelles le poète entend contrevenir, n'ont-elles pas quelque rapport, en effet, avec la morale que le ministère public juge offensée ? Ne seraient-elles pas *au fond* de même nature ? Ah, que tout irait plus facilement si le prévenu Baudelaire n'était qu'un obscur rimailleur ! Mais, note Pinard, « l'auteur arrive devant vous, protégé par des écrivains de valeur, des critiques sérieux dont le témoignage complique encore la tâche du ministère public ». C'est qu'en vérité – et là, Baudelaire a quand même décidément raison de parler de malentendu – le poète menace autre chose de plus profond que la décence des bien-pensants – cette décence que chacun sait bien de pure façade. Il met en question le médium qui sert à l'édifier, à la transmettre et à la défendre ; il met en péril jusqu'à la parole de son accusateur Pinard. Écoutez-le, ce futur ministre de l'Intérieur du Second Empire, écoutez de quelle voix, et avec quel rictus appuyé sur le terme final, il se trouve contraint *par Baudelaire* de nommer ce qu'il n'ose ni ne sait dire : « vous y trouverez dans leurs détails les plus intimes mœurs des tribades » (1975 : 1207). Nous aussi, aurions-nous *mal entendu* ? *Tribades* : un mot bien aussi « infâme », pour l'étymologie (du grec *tribas*, dérivé de *tribein*, frotter), que les mœurs qu'il désigne, et face auquel le baudelairien « Lesbos » semble appartenir à un vocabulaire d'enfant de chœur... Mais l'accusateur n'a pas le choix : pour accuser, il doit d'abord décrire, et pour décrire, en passer par les mots du poème qu'il cite abondamment. On se demandera toujours quel son pouvaient rendre, quel effet pouvaient produire les vers des « Bijoux », par exemple, prononcés devant la cour par la voix contemptrice du substitut. Privé de l'expérience directe, on en est réduit à imaginer les méandres de justifications successives à travers lesquels durent se partager, chez les juges, conscience morale et conscience esthétique ; et à lire, dans le réquisitoire, le produit ambigu de ces contradictions : « Soyez indulgent pour Baudelaire, qui est une nature inquiète et sans équilibre… Mais donnez, en condamnant au moins certaines pièces du livre, un avertissement devenu nécessaire » (1975 : 1209).

Ce moment d'histoire littéraire instruit doublement la question du malentendu. D'abord sur le plan de *l'histoire littéraire* elle-même. Le malentendu, ressort d'une dialectique entre méconnaissance et reconnaissance, y introduit, comme l'a montré Antoine Compagnon, une dimension narrative qui conditionne la valeur d'histoire : « Il y a un temps du malentendu, et puis parfois un temps de la reconnaissance » (2003 : 45). Mais, à repenser cette histoire-ci, on voit bien qu'il joue, dans la compréhension de la poésie, un rôle singulier. Les juges du procès des *Fleurs du mal* ne sont pas de mauvais lecteurs. Leur « raté » n'est pas d'ordre herméneutique, et on ne peut dire qu'ils commettent un contresens sur le texte. Ce qu'ils interprètent, c'est le dispositif de réception du livre. En condamnant, ils entendent adresser un « avertissement » moins à Baudelaire qu'à de futurs Baudelaire possibles. Leur geste s'évalue en termes de communication et de stratégie.

Ce faisant, il méconnaît délibérément la dimension poétique de l'objet. Car précisément, la protestation embarrassée de Baudelaire tourne autour de cette seule évidence : qu'un poème *n'est pas* un médium de communication et de stratégie. Qu'il ne saurait être ramené sur ce plan sans perdre son essentielle ambiguïté. Le sien ne fait l'éloge ni du beau ni de la laideur ; il ne cultive pas plus les fleurs du mal que celles du bien. Mais, présupposant ces partages-là comme constitutifs de notre cohésion intime et collective (et Pinard prouve, par la teneur de son réquisitoire, qu'il a raison), il travaille à leur dislocation. S'engouffrant dans le vide de cet essentiel suspens, la Justice contraint le texte. Mais inversement, elle est contrainte de plier le sien à cette particularité rhétorique : appeler un chat un chat… mais encore à la manière équivoque du poème. C'est ainsi qu'on assiste, à lire les minutes du procès, au commencement de ce mouvement par lequel les œuvres mal entendues se font reconnaître (« La reconnaissance est le second temps du malentendu », dit Antoine Compagnon) ; à cette instillation, ailleurs bien moins spectaculaire il est vrai, de la langue du poème dans la langue commune ; à cette manière qu'auront *Les Fleurs du mal* de reconfigurer le français. Il y fallait une scène du malentendu, comme il faut à toute révélation un sacrifice du sens préalable. Le procès est la projection de ce sacrifice sur la scène sociale. La compréhension immédiate n'est peut-être, comme le disait le linguiste Antoine Culioli, qu'un cas particulier du malentendu.

Quel rapport entre incompréhension et bêtise ?

La bêtise frappe d'abord par son caractère polymorphe. La multiplicité de ses visages ne cesse de nous surprendre et de nous étonner. On la rencontre à chaque détour du chemin, sous un travestissement toujours différent. Elle est féconde et visionnaire. Elle forme des projets, elle a de l'ambition pour ceux qu'elle désigne ses représentants. Elle va loin. C'est ce que souligne Clément Rosset, lorsqu'il la qualifie d'« interventionniste » : « elle ne consiste pas à mal ou ne pas déchiffrer, mais à continuellement émettre. Elle parle, elle n'a de cesse d'en "rajouter" » (2004 : 145).

C'est dire qu'elle ne se laisse nullement réduire à une figure, rhétorique ou logique, capable qu'elle est, dans ces deux domaines, de recourir aux moyens les plus sophistiqués, les plus *intelligents*. Dans ces conditions, la première question qu'elle pose est celle de sa reconnaissance. Ses mille habiles déguisements déjouent toute tentative de consensus à son sujet ; inversement, sa fréquence statistique dans les actions et les représentations humaines nous la fait suspecter là où elle ne se trouve pas (ou pas encore). Il en va de la bêtise comme du beau. Elle aussi désespère. Visible par ceux seulement qui croient en être exempts, dans un cas ; par ceux-là seuls qui croient le connaître, dans l'autre. Même tension du particulier à l'universel. « Moi, la bêtise, écrit Jean-Paul, j'emprunte tantôt telle forme respectable, tantôt telle autre pour me montrer aux hommes sous mon jour le meilleur ; mais je ne plais à chaque fois qu'à ceux qui me voient sous leur propre forme car chacun n'apprécie que la Bêtise qui ressemble le plus à la sienne » (1965 : 64). Le mauvais goût est d'ailleurs l'une de ses annexes les plus fréquentées. Elle est le mauvais goût hissé à l'étendue d'un système du monde.

Bêtise et poésie tissent entre elles, comme le dit Valéry, des relations subtiles. Relations qui expriment, de part et d'autre, une certaine prétention à la vérité. Si la bêtise est, comme nous invite à le penser Jean-Paul, l'être déguisé par excellence, elle s'annonce donc comme un objet privilégié de l'herméneutique. Elle n'aurait certes pas intéressé aussi assidûment la pensée occidentale, d'Érasme à Valéry en passant par Rabelais et Jean-Paul, si l'on n'y avait vu une redoutable machine à produire du sens. Il s'agit donc, chaque fois à nouveaux frais, de dénoncer hors de soi cette hydre toujours accommodante, cette méduse prête à revêtir même l'apparence du vrai. Nul ne saurait asseoir sa propre existence parmi les hommes qu'il ne se soit d'abord affranchi de cette engeance : qu'il n'ait entamé avec elle une sorte de dialogue défensif et sans réponse. Le poème est le lieu favori de cette opération. C'est, chez Apollinaire, la « Réponse des cosaques zaporogues au Sultan de Constantinople », dans « La Chanson du mal-aimé » ; chez Baudelaire, ce soupir lancé aux ténèbres : « Enfin ! la tyrannie de la face humaine a disparu... Récapitulons la journée : avoir vu plusieurs hommes de lettres, dont l'un m'a demandé si l'on pouvait aller en Russie par voie de terre (il prenait sans doute la Russie pour une île) » (1975 : 287-288). Ou, chez le Hugo des *Châtiments*, le tutoiement de dérision adressé à Badinguet.

Mobile, la bêtise ne se laisse jamais enfermer dans les bornes strictes d'une facile définition. Elle empiète. Elle déborde. Elle est indiscrète. Sans rien perdre de sa reconnaissable vigueur, elle fraye jusque dans les parages de la vulgarité et de l'immonde. Tel ce portrait du Sultan de Constantinople par Apollinaire :

Poisson pourri de Salonique...
Bourreau de Podolie Amant
Des plaies des ulcères des croûtes
Groin de cochon cul de jument
Tes richesses garde-les toutes
Pour payer tes médicaments (1965 : 52)

Une veine satirique, issue tout droit du XVIIIᵉ siècle – par exemple de ce « maudit » avant la lettre que fut Nicolas-Joseph Gilbert (voyez la satire intitulée « Le dix-huitième siècle ») – tend à dresser, face au poème, l'image d'une sorte d'antilecteur auquel n'est pas étranger l'« hypocrite lecteur » des *Fleurs du mal* : celui en qui aucun ne saurait se reconnaître vraiment ; le seul qui reste exclu de ces vers-ci : le profane, l'idiot. On ne peut donc dire que le sot *ne comprend pas* la poésie, puisque sans doute, là où il la rencontre, loin de toute indifférence, il trouve encore à s'en pâmer comme Bouvard et Pécuchet font de toute chose qui s'ingurgite. La poésie, de son côté, est par tradition destinée à nommer et à *comprendre* la bêtise partout où elle se terre. Mais la symétrie d'intelligence n'est bien sûr qu'un trompe-l'œil.

D'où la poésie tient-elle cette vocation à reconnaître son *idiot* ? De ce que l'idiot souffre, pour ainsi dire, d'un défaut de monde ; que sa parole n'est qu'un *flatus vocis*, qu'une inflation de mots (morale, autoritaire, publicitaire...), gagés sur rien (« de tant d'auteurs manœuvres, écrit Gilbert, / Aucun n'est assez riche pour acheter les œuvres », 1864 : 51). Clément Rosset note le « lien profond qui relie l'inexistence à l'immonde » (2004 : 119) ; lien tout entier résumé par le mot *innommable*. Dans la voix de Hugo, Napoléon-le-Petit prend forme informe de baudruche. Il est strictement l'Innommable – d'où le nombre de ses sobriquets. À ce peu de réalité, le poème oppose la recharge des mots, leur investissement, leur remotivation. C'est en termes fiduciaires, comme y invite Mallarmé, qu'il faut comprendre cette opposition. Car, à n'en pas douter, le réel se tient du côté du poème plutôt que dans l'« universel reportage ». « Plus une chose est poétique, plus elle est réelle, dit Novalis » (1992 : 268). Reconnaître l'idiot, pour le poème, c'est donc d'abord le faire entendre comme réalité, lui donner la voix éclatante de son idiotie, le faire comprendre et proprement le démasquer.

Nous assistons cependant, aujourd'hui, à un singulier bouleversement de ce face-à-face : un trouble qui concerne sans doute l'art dans son entier, mais qui affecte la poésie justement sur cette marge du dialogue qu'elle instaure traditionnellement avec la bêtise. Que devient-il, ce dialogue même, dans un moment où la notion de monde, entendue comme *cosmos*, c'est-à-dire comme pensée du Tout, se brouille ? Ce moment est le nôtre. « Qu'il n'y ait pas de *cosmos*, écrit Jean-Luc Nancy, c'est bien sans doute la marque décisive de notre monde : *monde*, aujourd'hui, ne veut pas dire *cosmos* » (1994 : 139-140). Moment de « l'intrication du monde et de l'immonde », dont les indices-immondices hantent désormais galeries (*Mierda d'artista* de Manzoni ; machines à merde d'Anton Müller) et recueils (voir Christian Prigent, *Ceux qui merdRent*), dans une significative mise en valeur de la déjection. Comment, dans une telle crise de l'altérité, la confortable dénonciation des lignes adverses resterait-elle seulement possible ? Comment la guerre à la bêtise, dont la langue du poème était une des armes, pourrait-elle encore avoir un sens ? On assiste alors, dans le poème comme ailleurs, à une sorte d'ingestion de la bêtise sous les formes tantôt ludiques tantôt appliquées de sa plus caractéristique acosmicité. *Tout le monde se ressemble*, annonçait naguère, dès son titre, une « anthologie de la poésie contemporaine ». Titre provocateur, en ce qu'il contredit le geste anthologique lui-même. Provocateur, mais juste. « On y trouvera un ensemble très ouvert de propositions amusantes et utiles, glosait la préface, dont on se servira, si on le désire, pour d'autres jeux de construction » (Hocquard, 1995 : 8).

La conséquence la plus visible de cette perte du *monde*, c'est que, tout comme l'éloge et le poème encomiastique sont devenus impossibles, de même la fonction purgative de la satire et sa vertu politique de dénonciation ont perdu sens dans ce lieu commun mondial sans monde du dogme *united colours*.

Quel rapport entre incompréhension et haine de la poésie ?

Au-delà de l'indifférence, au-delà de la bêtise, on trouve un regard qui concentre, sur le poème, la négativité de l'un et l'activisme de l'autre. C'est le regard du refus, de loin le plus fréquent, et pas forcément le plus ravageur.

Le XIXe siècle le reconnut sans doute dans les yeux mornes et satisfaits de Joseph Prudhomme. Rien d'étonnant à ce qu'on en trouve une expression lapidaire dans le *Dictionnaire des idées reçues* de Flaubert :

POÉSIE (La). Est tout à fait inutile : passée de mode. (1952 : 1020)

Ce regard, c'est le militantisme antipoétique de la bêtise. Un cas particulier, si l'on veut, dans ce vaste champ, mais si répandu et si confiant en lui qu'il compose presque à lui seul l'article de la sottise anti-intellectuelle. Certes, on se défie des philosophes ; eux, pourtant, ils gardent au moins une sorte de droit de vivre redevable à la lumière qu'ils jettent parfois sur des problèmes que la seule économie des choses ne peut à l'évidence pas régler. Mais les poètes souffrent d'une telle réputation de frivolité à l'égard du réel aussi bien que de la pensée (« les poètes ne pensent pas »), que leur existence en est devenue proprement scandaleuse.

Voilà pour la vision prudhommesque des choses, qui est en gros celle des pouvoirs extrêmes. Mais la question du *oui* et du *non* à la poésie se complique, sur ses marges, de singuliers paradoxes.

Ainsi, l'acceptation et, mieux, l'encouragement adressé par certains pouvoirs publics à l'endroit de la poésie doivent-ils être lus, on le sait, avec la plus grande circonspection, et parfois comme des formes perverses de négation. Telle était, dans les pays du bloc communiste, la signification réelle des associations de poètes officiels. Mais le fait est connu. On le mentionne seulement ici comme l'un des termes du renversement dont sont capables les mouvements d'amour et de haine qu'inspire un concept aussi ambivalent que « La Poésie ».

À l'inverse, les « haines » affichées par certains de ceux qui la pratiquent ne sont-elles pas en réalité façons de parler, mises au point, exigences d'un amour déguisé ? Chez Bataille, d'abord, qui publie en 1947 *La Haine de la poésie* : « La poésie qui ne s'élève pas au non-sens de la poésie n'est que le vide de la poésie, que la belle poésie » (1962 : 184) – une formule qui, certes, ne signifie pas refus général, mais refus seulement, et circonscription, de la fausse poésie. En remplaçant le titre initial, lors de la seconde édition, par *L'Impossible*, Bataille ne fait que porter un peu plus haut l'enjeu du poème, sans pour autant le déclarer nul, au contraire : « La poésie n'est pas une connaissance de soi-même, encore moins l'expérience d'un lointain possible […] mais la simple évocation par les mots de possibilités inaccessibles » (1962 : 185). Exigence qui, dans sa démesure même, pourrait bien n'être que la traduction moderne, c'est-à-dire radicale, ou extrême, d'une idéalité dont les romantiques nous ont les premiers tendu l'image. On peut écouter quelques-unes de ces voix de l'absolu dans un volume collectif intitulé justement, en hommage à Bataille, *Haine de la poésie*. Mathieu Bénézet, par exemple : « La mort du monde n'est qu'une désillusion qui se nomme : poésie » (1979 : 25). Ou, ailleurs, Francis Ponge, Christian Prigent (*À quoi bon encore des poètes ?*), Denis Roche (*La poésie est inadmissible*) :

> La poésie va mourir, Bondlà !
> Mourrons-la, mourrons-la !
>
> Poït interrompu (1995 : 452)

Que disent-elles, ces voix de la défiance et de la rectification ? D'abord, annonciatrices d'une mort prochaine, elles contribuent à la dramatisation de la situation poétique, autrement dit à l'intensification du sentiment de son existence. Cette dramatisation peut aller du marivaudage rochien (Denis Roche sous-titre *La poésie est inadmissible* : *Œuvres poétiques complètes*) à ces visions tragiques auxquelles cède volontiers Christian Prigent. D'un côté comme de l'autre, l'importance réside dans la mise en scène. Il s'agit de peindre la poésie à son *agonie* (qui veut dire *combat*) en un effet saisissant d'hypotypose. De prendre part, si possible, à ce combat. D'y apparaître à la fois comme un défenseur, comme un fédérateur et comme un juste. Il est sans doute normal, et même heureux, que l'idée collective de poésie se construise dans de semblables dramaturgies : le fait n'est pas tout à fait neuf. Sachons seulement que la « haine » en question est à inscrire dans l'histoire des représentations ; qu'elle rend compte d'un moment et d'un aspect de notre *nous* poétique. Rien de plus. Et qu'en particulier, ce qu'il en est vraiment de la poésie dans le groupe, la place qu'elle y tient, la vie qu'elle y puise, la diversité qu'elle y recouvre sont loin d'être épuisés par l'optique de cette scène. Chacun prélève dans le paysage les éléments qu'il croit servir l'image qu'il veut produire. Les devins de l'apocalypse signent ce moment. On voit ailleurs, à l'écart des sentiers qu'ils balisent, maints signes propres à démentir leur pronostic.

IX

EXPLIQUER, ENSEIGNER, TRANSMETTRE

Comment se transmet la poésie ?

Il y a une inexistence de la poésie. Cette inexistence est son mode d'existence. Elle y fraye avec sa propre mort, s'y retrempe, s'en extrait, y revient, en revient.

On peut entendre cette inexistence en plusieurs sens. Du côté des essences, comme la condition partagée par l'acte poétique avec d'autres conduites qui ont pour vocation de saisir l'humanité dans son affrontement à la perte et à la mortalité. Du côté esthétique, comme la tension de chaque poème vers une totalité qu'il échouera toujours à appréhender – la poésie. Du côté psychique, comme l'essentielle discontinuité des états qu'il provoque ou qui l'inspirent. Ces sens convergent dans une inexistence manifeste et, pour ainsi dire, une visible invisibilité dont la poésie, avec quelques autres territoires de nos solidarités secrètes, peut revendiquer le privilège. Éditeurs en lisière de faillite, tirages paroissiaux, retentissement inaudible, tel est son lot : il n'est pas neuf.

On rêve d'époques plus heureuses, bien sûr. Des quelque cinq millions de francs qu'entre 1838 et 1851, valurent à Lamartine sa poésie et quelques proses (voir Benjamin, 1979 : 47). Sachons pourtant que cet âge faste fut de courte durée. Il suffit de relire « Le vieux saltimbanque » de Baudelaire pour comprendre qu'entre 1851 et 1861, le « vieil homme de lettres qui a survécu à la génération dont il fut le brillant amuseur » est devenu un paria (1975 : 297). Retour à une situation ordinaire, que la survivance du romantique Hugo jusque dans la IIIᵉ République ne doit pas nous faire perdre de vue. Sur l'horizon de cet effondrement général, se dressent bien quelques monuments entourés de vénération : ce sont les poètes officiels, les nobélisés, les valeurs à succès durable, celles qu'on fredonne, celles que l'institution scolaire a panthéonisées. Ils nous font croire que le paysage de la poésie n'est pas différent de celui que présentent à peu près toutes les productions de la culture, dans un milieu historique où les œuvres continuent à jouer leur rôle d'identification collective. Il n'en est rien.

Souligner l'« inexistence » de la poésie, dans une culture occidentale qui l'a, de longue date, asservie à la circulation du livre, c'est poser aussitôt la question de sa transmission. Car à la confidentialité de ses tirages, après tout partagée avec bien d'autres objets intellectuels, le livre ajoute un obstacle supplémentaire à l'existence des poèmes : son inertie, sa claustration. Il est, on le sait, un remarquable instrument de conservation. Mais la lecture doit sans cesse redistinguer en lui deux objets que la matérialité tend à confondre dangereusement : l'entassement des pages, la réalité pondéreuse, le *volume* d'une part ; le texte, l'effet mental, la machine signifiante d'autre part. Or il ne suffit pas au poème qu'il soit conservé et qu'on *puisse* le lire pour qu'il soit. Ce virtuel, qui nous contente amplement à la vue de nos bibliothèques encombrées de réminiscences, n'effleure pas même le commencement de la vie du poème. Pour exister, lui, il doit sortir des livres : être lu et relu indéfiniment ; mémorisé afin de se rendre immédiatement disponible, même sous une forme lacunaire, fautive ; même de manière imperceptible. Mieux encore : il doit être en travail dans les zones les moins maîtrisables où la mémoire, l'inconscient et le corps s'articulent et interagissent. Ce à quoi pourvoit l'exercice de la récitation.

Cette exigence propre au poème détermine le double caractère de sa transmission : la rumeur et la déformation.

Les poèmes appartiennent à l'ordre des savoirs – on *sait sa poésie*, comme dis(ai)ent les enfants. Mais, plus qu'aucun autre savoir, ils sont soumis aux modes de propagation de la rumeur : fragments de vers, bouts de rimes, syntagmes illuminants qu'on se transmet de bouche à oreille, que la prose écoute et redistribue ailleurs ; « musiques » éparses, fredons, tirades ou simples mots lourds de souvenirs topiques qui circulent dans les échanges quotidiens ; citation d'Eluard qui fournit son exorde au discours d'un président de la République – et chacun dès lors va répétant : « qui est cet Eluard qu'il mêle à la préoccupation de nos vies ? » Telle est la rumeur poétique. Mais ce n'est là encore que l'écume de mouvements plus profonds, d'un travail plus souterrain et autrement considérable, qu'on ne saurait décrire qu'en l'éclairant des détails les plus infimes et les moins vérifiables. Des faits qui ont trait à notre intimité collective, aux murmures qui nous gouvernent, aux sentences rythmées que nous sommes de part en part, sans oser jamais l'avouer. Dans ce tuf, des textes agissent à notre insu. Que nous les ayons lus ou non importe assez peu. Partageant une langue, nous partageons cette géologie. Avec la langue, même apprise tardivement et approximativement, s'acquiert ce tout mouvant et informe, ce magma de la rumeur poétique.

Une telle malléabilité ne va pas sans déformations. La lacune, l'oubli partiel n'en sont que les signes les plus anodins. On peut penser qu'à vivre ainsi entre lèvres et creux d'oreilles, le poème devient lui-même une matière hautement métamorphique. Appuyé sur ses scansions phonétiques et sémantiques, il s'évade dans les directions les plus inattendues. Mais on a déjà suffisamment insisté, ici, sur sa foncière ambiguïté, pour comprendre que cette déformation, il y était préparé, qu'il l'appelait constitutivement. Tous les signes de l'esprit sont traversés par le malentendu. Celui-ci présente pourtant un cas singulier, où la déformation ne touche pas le sens de l'objet – on a compris que sa présence y est problématique –, mais l'objet lui-même. Le travail de la rumeur poétique n'est pas un mot-à-mot : c'est *un mot pour un autre*. Ce travail irrigue la prose. Et, bien au-delà, des actes esthétiques, des comportements collectifs, des époques. Sait-on ce que l'invention du cinématographe doit à la « vision » du *Spleen de Paris* de Baudelaire ? Ce que le mouvement « hippies » doit à Cendrars, à Thoreau, à Rimbaud, aux poètes surréalistes ? Ce que les mises en scène de Bob Wilson doivent à Henri Michaux ? Ce qu'il y a de Francis Ponge dans le décor de nos intérieurs et dans la silhouette de nos automobiles ? Bien sûr, toutes sortes de textes, hors de la poésie, pourraient ainsi décliner leur aire d'influence. Le propre du poème, c'est la nature absolument implicite de la sienne. C'est son accès à des régions de décision où l'incontrôlable est capable d'éclater en formes et de rayonner sur le temps. Si bien que les *effets* d'un poème sont proprement imprévisibles (voir question 12).

Pour illustrer la place de la question « Qu'est-ce qu'une chose ? » dans l'urgence historique, Heidegger a recours à un petit apologue qui résume cette imprévisibilité :

> Quand un enseignant interprète un poème à ses élèves d'une manière impossible, « il ne se passe rien ». Mais peut-être est-il bon de parler ici avec plus de précaution : [...] lorsqu'on interprète un poème de manière insatisfaisante, tout se passe comme s'il ne se produisait rien. Un beau jour toutefois, après cinquante ou cent ans peut-être, il arrive quelque chose. (1971 : 63)

Expliquer un poème, n'est-ce pas ruiner sa valeur poétique ?

L'explication du poème se heurte à la résistance d'un discours canonique, qui oppose le sentir à l'intellection. On devrait, selon lui, accéder au poème par le seul chemin de la « sensibilité », ou de l'intuition ; toute autre opération serait de nature à manquer son objet. Mais un tel discours repose sur une opposition grossière des facultés kantiennes (pour Kant, l'entendement n'est-il pas le pouvoir de penser l'objet de l'intuition sensible ?). Il sert d'ailleurs en général de cache-misère aux goûts les plus conformistes, incapable de rencontrer des formes étrangères au champ de connaissance du sujet.

Expliquer un texte, c'est produire un discours apte à le décrire convenablement. Mais un texte n'étant qu'un fonctionnement de signes, le décrire revient à rendre compte de ce fonctionnement même ; à épouser et suivre les mouvements selon lesquels les signes se déploient dans un espace que la lecture est appelée à créer. Expliquer, ce n'est ni plus ni moins que parcourir ce déploiement, dans la lenteur et le détail et l'espace d'un texte second. Il n'en va pas différemment face au poème, où toutefois la secondarité de l'explication ouvre plus nettement encore sa capacité à déplier (*explicare*), à ramifier – bref, sa *complexité*. L'explication recrée un nouvel espace et un nouveau temps, dans lesquels se reflètent le temps et l'espace du poème. Or ce reflet est problématique dans la mesure où, projection d'un espace dans un autre, il produit des déformations ; mais où, inversement, cette projection est la condition de l'explication. On touche là au principe de la paraphrase, dont l'explication de texte présente une variation. La poésie appartiendrait-elle à cette sorte de discours qui, comme la musique, ne sont pas paraphrasables ?

L'argument qui vaut pour la musique vaut en effet partiellement pour la poésie. « Si la phrase a un sens on ne peut le détacher de cette série de sons pour l'examiner à part ou lui prêter une autre forme plus accessible » écrit Boris de Schloezer (1947 : 29). Et Bernard Sève : « La relecture ou la réécoute est fonction de l'immanence du sens... Une œuvre au sens purement immanent comme une fugue de Bach sollicite une réécoute indéfinie, car son sens ne peut pas être déposé et fixé à l'extérieur de son processus effectif » (2002 : 69). De même qu'une œuvre de sons ne peut être expliquée par une œuvre de sons, de même un poème ne saurait recevoir l'éclairage d'un autre. L'immanence du « sens », en poésie, nous condamnerait donc à cette seule forme d'explication : une relecture à l'infini.

Ce serait pourtant oublier que les poèmes aménagent fréquemment en eux-mêmes la fonction du commentaire. Le premier vers de l'*Énéide* (« *Arma virumque cano* ») prolonge et commente le premier vers de l'*Iliade*. Le premier vers de la dédicace « À Monseigneur le Dauphin » qui ouvre les *Fables* de La Fontaine parodie et commente le premier vers de l'*Énéide* (« Je chante les héros dont Ésope est le père... »). Les *Fables* sont, à leur manière, de remarquables explications de celles d'Ésope et de Phèdre. Au chant II des *Chants de Maldoror*, le mot *spleenétique* trahit la présence insistante des *Fleurs du mal* dans les *Chants*. Lautréamont « explique » Baudelaire, écrit Michel Charles, « c'est-à-dire déploie, développe le plaisir du lecteur » (1977 : 26). De même fait encore Apollinaire, dans « Le voyageur », ou Jouve à maintes reprises (voyez *Dans les années profondes*), si bien qu'il n'est au fond pas de poème qui ne soit la revisitation d'un autre, jusque dans les réécritures les plus explicitement désaccordées de l'Oulipo.

Ces phénomènes sont bien connus, depuis que la critique (Julia Kristeva, Gérard Genette, Michael Riffaterre, Roland Barthes...) leur a donné le nom d'intertextualité, ou de transtextualité. L'intertextualité désigne, selon Laurent Jenny, « le travail de transformation et d'assimilation de plusieurs textes opéré par un texte centreur » (1976). La critique de la poésie, dérivant sur ce point de certaines théories de la lecture (voir Michael Riffaterre, 1980), s'attache à reconnaître dans le poème ces œuvres au travail, à les rapporter à leur avatar présent, et à déceler, dans leur « transformation » et leur « assimilation », l'un des aspects de la poétique, c'est-à-dire de la compréhension dudit poème.

Où s'arrête cette enquête ? Et quelle définition donner aux termes d'*œuvre* et de *texte sources*, devant un phénomène dont l'ampleur touche visiblement à tout le champ des échanges sémiologiques ? Julia Kristeva optait pour une acception très vaste de l'intertexte. Selon elle, il désignait un processus indéfini, consistant moins en emprunts et en imitations précis, qu'en traces inconscientes déposées dans le texte récepteur par la totalité des discours environnants. Dès lors, expliquer un poème, c'est procéder au repérage et à l'explicitation de ces traces ; c'est rendre compte de leur organisation dans de nouvelles configurations, et de leur déformation. Toute une histoire des lectures se trouvera ainsi révélée ; et l'interprétation du poème ne sera bien souvent rien d'autre que le récit de cette histoire, croisé avec le récit des lectures du sujet critique. Récits multiples auxquels ce dernier tentera de donner un sens, une valeur heuristique, une puissance ordonnatrice. Qui lit ces vers de Pierre Jean Jouve :

Le corps de l'inceste est blond d'une blondeur
Atrocement pure... (1964 : 229)

peut bien sûr entendre *atrocement* comme un simple modalisateur, et renvoyer au lexique courant. Ce serait manquer le « timbre » baudelairien de ce mot, qui vient re-sonner ici dans le souvenir d'un poème (« Le masque ») des *Fleurs* :

Et, regarde, voici, crispée atrocement,
La véritable tête, et la sincère face
Renversée à l'abri de la face qui ment. (1975 : 23)

Ainsi s'impose le parallèle entre le masque et l'inceste, dont la vérité et la pureté si proches sont, dans l'un et l'autre cas, marquées au sceau du même adverbe, entraînant avec lui tout un monde. Naturellement, cet adverbe n'est nullement isolé, dans la langue de Jouve, et l'explication devra passer aussi par cet autre récit des lectures internes, ce parcours de l'idiolecte.

Les grands lecteurs de la poésie – Gaston Bachelard, Georges Poulet, Jean-Pierre Richard – se pensent volontiers comme des collecteurs, des rassembleurs et des résonateurs de signes épars. « L'acte de lire (auquel se ramène toute vraie pensée critique), écrivait Georges Poulet, implique la coïncidence de deux consciences : celle d'un lecteur et celle d'un auteur » (1971 : 9-10). Coïncidence dont la définition de la lecture proposée par Jean-Pierre Richard précise l'usage : « Lire, c'est sans doute provoquer ces échos, saisir ces rapports nouveaux, lier des gerbes de convergence » (1976 : 10). Loin qu'elle ruine sa valeur poétique, une telle explication du poème (avec le poème) sait au contraire lever en lui des « parcours possibles » (mais jamais clos ni arbitraires) qui constituent sa « profondeur ».

Doit-on enseigner la poésie ?

Si l'enseignement de la poésie fait l'objet de certaines préventions, c'est pour les mêmes raisons qu'on oppose couramment à l'explication des poèmes. Puisque la poésie ne s'explique pas, aucune pédagogie ne saurait être à même de prendre en charge une pratique si profondément liée à l'intimité et à la subjectivité. Dans le temps même où circule une telle doxa, s'ouvrent un peu partout, et de façon spectaculaire, dans les plus prestigieuses universités américaines, des ateliers d'écriture poétique placés sous la responsabilité des praticiens les plus recommandables, et dont le projet explicite consiste à transmettre les techniques du métier. Ces deux positions sont les deux faces d'un même malaise, ou d'une même inquiétude qu'on peut ainsi formuler : *comment une communauté assure-t-elle en son sein la reproduction de la poésie ?* Question plus ancienne qu'il n'y paraît à première vue, et que les pouvoirs ont toujours abordée avec le plus grand embarras. Mais question posée de façon plus cruciale dans un monde où la reproduction des modèles est globalement institutionnalisée par les systèmes scolaires et par des « politiques culturelles ». L'institution peut-elle, dès lors, accepter de transmettre ce qui, sous des revendications allant de l'individualisme à la révolte, de la mélancolie au goût du meurtre, ne travaille guère en fin de compte qu'à sa propre sape ? La perversion de la jeunesse est, depuis l'Antiquité, un reproche trop lourd de conséquences pour qu'une politique ose assumer le risque de l'encourager. La chose est donc, comme toujours en de telles matières, affaire d'individus ; et on aime qu'il en soit ainsi, à en croire le succès connu naguère (1990) par un film situé au cœur du problème : *Le Cercle des poètes disparus*, de Peter Weir.

John Keating, professeur de littérature nouvellement arrivé dans une prestigieuse école américaine, enthousiasme immédiatement ses élèves en les encourageant, par le biais de la poésie, à se forger des idées personnelles et à aller au bout de leurs propres rêves. L'histoire, comme on sait, finit mal, puisque l'un des étudiants y perdra la vie. Mais le temps de cet apprentissage tourne à la démonstration : la poésie, transmise par un tel « maître », nous aide à vivre plus intensément. Facile démonstration, en vérité, qui repose sur un cliché teinté de romantisme et entériné par la part romantique du surréalisme, à savoir que la poésie est, bien au-delà des poèmes, une manière de vivre, une relation au vivant, et d'abord, une exacerbation de la vie en nous. Or, s'il est érigé en pédagogie, ce cliché implique des risques – le film le reconnaît d'ailleurs assez benoîtement. La faute de Keating (c'en est une) consiste à lire la poésie comme une leçon de morale ; à l'entendre au pied de la lettre, c'est-à-dire à faire fi de son statut fictionnel, métaphorique ou allégorique ; à nier en elle la fonction poétique à proprement parler, exactement comme faisaient les juges de Baudelaire dans le procès des *Fleurs du mal* (voir question 43). Cette lecture moraliste est à la fois naïve et désastreuse. Suivie scrupuleusement, elle devrait nous conduire aux pires turpitudes (songez à la fidélité pratique d'un lecteur découvrant, au détour des *Petits Poèmes en prose*, cette page intitulée « Assommons les pauvres ! »...). Il est cependant assez troublant de constater la valeur presque sans ombre que le film accorde à ce gourou du contresens... Et significatif, en vérité, que cette fable symétrique de *L'Ange bleu* (ici, le professeur « libère » les élèves, tandis que c'étaient les élèves qui dessalaient le professeur dans le modèle de Sternberg) soit placée sous la caution de la poésie. Cette confusion entre le poème et le vivre, l'éthique et le poétique, est un des traits de la modernité. Non qu'il faille négliger les passages inévitables, ou nécessaires (c'est selon), qui relient ces deux modes d'être-au-monde. Jean-Claude Pinson rappelle, avec justesse, que toute la lyrique amoureuse d'Apollinaire, par exemple, « n'a de sens qu'à être lue *aussi* comme interrogation "éthique" (*poéthique*) sur l'amour et le couple, comme recherche d'une habitation amoureuse et lyrique du monde » (2002 : 17). Seulement cette recherche a pour seul lieu les mots ; elle n'est ni mode d'emploi, ni feuille de route, ni table de la Loi. Elle convertit en langue, en interrogation sur la langue, les questions liées à notre habitation du monde.

Reste qu'en réaction à ce malheureux contre-exemple cinématographique, on peut élaborer une théorie positive de l'enseignement de la poésie, centrée sur un principe de *désubjectivation* (Mallarmé parlait d'*impersonnalité*). « Enseigner » un poème, ce sera avant tout démontrer par l'exemple que sa lecture n'est pas conformée aux exigences d'une subjectivité ; que ce dont il s'agit, dans l'acte de réception, n'a rien à voir avec l'expression d'un moi et le caprice d'une histoire singulière. Le *ce que je sens*, l'auscultation de l'âme réagissant, derrière lesquels se retranche tant de mésintelligence des textes, il importera de s'en déprendre, au contraire. Pourquoi ? Parce que le sentir est un déjà-senti. Et que ce rassurant sentiment de reconnaissance qui nous retient auprès de certains poèmes tend à écraser un inconnu sous le poids de notre histoire connue. Le plus regrettable, dans les méthodes de l'étourdi Keating, c'est qu'il tire de la poésie une épistémologie de la continuité du moi : lorsqu'il prétend « révéler » un goût pour le théâtre latent chez l'un de ses disciples, il fait ressurgir l'un des motifs les plus éculés du continuisme psychique. C'est là ce que Bachelard nommerait une « mauvaise continuité ». La « bonne » continuité, inversement, est celle qui se construit sur du discontinu. Un poème qui rompt avec la langue, une phrase qui électrise la syntaxe, un mot qui saisit le lexique sont autant de moments isolés, autant d'instantanés au cœur desquels se rassemble une perception plus aiguë du réel. « Soudain, écrit Bachelard, toute l'horizontalité plate s'efface. Le temps ne coule plus. Il jaillit » (1931 : 106). Ce jaillissement substitue au statisme des fausses révélations, le dynamisme « des images que la vie ne prépare pas » (1957 : 13). Cette « vie » convoquée par le poème (et l'un des mots-clefs de l'enseignement de Bachelard) n'est nullement le milieu dans lequel notre être en puissance serait appelé à réaliser ses harmoniques. C'est au contraire ce qui définit l'être *sans puissance*, comme pure création instantanée. La poésie « ne peut être plus que la vie qu'en immobilisant la vie… Elle est alors le principe d'une simultanéité essentielle où l'être le plus dispersé, le plus désuni conquiert son unité » (1931 : 103). Rompre, isoler, désubjectiver pour regagner la sensation de l'unité : ce qu'enseignent les textes eux-mêmes, en qui l'instance d'énonciation se fait pur anonyme, *hors sujet*. La seule leçon est là, dans ce que le poème dit du désarroi qu'il nous inspire. Les professeurs de poésie prêtent leur voix à ce dire, et à la liberté qu'il fonde.

La critique aide-t-elle à comprendre la poésie ?

Face à la matière « littéraire », la critique opère armée de ses intentions qui sont doubles : d'une part, exercer un jugement, adopter l'attitude de « la cribleuse de blé », selon l'expression de Georges Blin ; mais, d'autre part, examiner sans fin les critères de ce jugement, situer par là le plan auquel il s'applique, et repenser enfin cette totalité à la conscience de laquelle il s'étaye : la littérature. Au regard d'un tel projet, les poèmes présentent une réalité réfractaire : des masses de connexions indémêlables, tissées dans l'épaisseur d'une langue mal reconnaissable et dont le « sens » demeure opaque. Ici, le critique s'avance, si l'on ose dire, les mains doublement nues. Privé *a priori* d'une « pensée de la poésie » sous la lumière de laquelle il puisse se représenter la signification et la pertinence de son acte. Mais privé également des outils partageables du jugement, tant sont diverses, et entre elles contradictoires, les références esthétiques auxquelles les œuvres font appel. C'est pourquoi la critique, en poésie, cherche plus qu'ailleurs ses mots, sa langue, ses catégories et ses figures. C'est pourquoi, dans ses plus belles réussites, elle est si profondément créatrice. Sous la conduite de certains de ses représentants, la compréhension du poème se présente comme son déploiement dans une langue autre. Manière de le redire, de le redessiner dans un matériau prosaïque, dans une matière d'écoute. Voyez avec quelle délicatesse la prose de Jean-Pierre Richard entend la voix de Verlaine, dans ce poème de *Sagesse* :

> Voix de la haine : cloche en mer, fausse, assourdie
> De neige lente...
>
> Voix de la Chair : un gros tapage fatigué ;
> Des gens ont bu...
>
> Voix d'autrui : des lointains dans les brouillards ; des noces
> Vont et viennent... (Sagesse, I, 19)

« C'est le même son trotte-menu qui court en fausset à travers toutes les créations authentiquement verlainiennes. C'est lui qui les condamne à demeurer grêles et boitillantes, privées de profondeur harmonique et d'architecture intérieure, qui les voue à paraître plus tremblotantes que tremblantes, plus dorloteuses que berçantes, plus falotes que vraiment lunaires » (1955 : 171). Commentaire si subtil et si convaincant qu'il exigerait à son tour l'analyse de ses ressorts prosodiques et phonétiques (et, parodiant Jean-Pierre Richard lui-même, on ne manquerait pas d'y relever assonances et allitérations), de ses isotopies (la musique et l'architecture sont ici convoquées), de son travail lexical – bref, de son *paysage*, si tant est que ce concept englobe, comme nous l'a enseigné le critique lui-même, des expériences sensorielles aussi bien que des expériences d'écriture. Un tel commentaire dresse, face au poème-matrice, un autre paysage, fait d'éléments que le précédent suscitait sans les nommer, composé dans la *suggestion* (mot mallarméen) de celui-là. Mais suggérant à son tour d'autres catégories, elles étrangères au poème (ni la musique ni l'architecture n'y figuraient), il appelle aux prolongements, invite à de nouveaux commentaires, et esquisse ainsi cet « entretien infini » par lequel Maurice Blanchot définissait la littérature.

En cet infini, en cet infiniment-à-reprendre de la critique réside aussi son aporie. Mieux que personne, le critique est conscient de l'incomplétude à laquelle est condamnée son entreprise. Jean-Pierre Richard le rappelle dans la préface de *Poésie et profondeur* : « Cet effort de lecture ne peut bien entendu pas aboutir à la saisie d'une vérité totale. Chaque lecture n'est jamais qu'un parcours possible, et d'autres chemins restent toujours ouverts » (1955 : 10). Cette vérité totale, sous quelle autre forme la rêver, d'ailleurs, que celle d'une paraphrase absolue de l'œuvre, semblable à la réécriture absurde du *Quichotte* par Pierre Ménard que commente Borges ? L'incomplétude, au contraire, décrit l'espace où se déploie le discours propre du critique. « Espace de résonance », souligne Blanchot,

> dans lequel un instant se transforme et se circonscrit en parole la réalité non parlante, indéfinie de l'œuvre. Et ainsi, du fait que modestement et obstinément [la parole critique] prétend n'être rien, la voici qui se donne, ne se distinguant pas d'elle, pour la parole créatrice dont elle serait comme l'actualisation nécessaire, ou pour parler métaphoriquement, l'épiphanie. (1949 : 12)

Car là est bien le plus important. Par ce hors-jeu qui la définit de plein droit comme une œuvre face aux œuvres, la critique fait entendre « la réalité non parlante, indéfinie de l'œuvre ». Elle est avant tout *relation critique*, selon la formule de Jean Starobinski, c'est-à-dire cette distance parcourue entre une parole propre et le silence des météores qui naviguent au large. Épiphanie d'une voix tue, et qui ne nous est rendue que dans sa gangue d'espace. *Voix d'autrui : des lointains dans les brouillards*, disait Verlaine. Le commentaire, ici, échouerait à *expliquer* quoi que ce soit, si tel était son but. Tout au plus nous alerte-t-il sur cette énigme déguisée en paradoxe : la parole du poème ne se laissant entendre qu'enveloppée dans le brouillard, ou le brouillage, qui la rend inaudible. Il y faut d'abord une attention réflexive, une *méthode* ; mais aussi bien une attention sensible, une *écoute*. Écoute et méthode (disponibilité et activité, tact et invention...) résumant à la fois la tension de la position critique et les qualités essentielles du critique.

La traduction du poème est-elle possible ?

La question de la traduction, face au poème, est double : à la difficulté générale du passage d'un idiome à un autre, elle ajoute le redoutable écueil d'un état de langue singulier, pour lequel il n'est pas vain, parfois, d'imaginer d'abord une transposition prosaïque. Le cumul de ces obstacles a fait prétendre à certains que la poésie restait intraduisible, nonobstant la foison d'exemples qui témoignent du contraire.

Les poètes eux-mêmes se sont souvent montrés très attentifs à la question, y compris dans des cas où la traduction de leur œuvre n'était pas en jeu. Comme si le *traduire* ne concernait pas seulement cette migration visible ; qu'il fût engagé dans l'acte poétique lui-même comme sa limite, ou son horizon. Effet secondaire d'une conscience de la « langue autre » (voir questions 11, 12 et 13), le sentiment du traduisible et de l'intraduisible se tient en réalité au cœur de l'écriture poétique, dont toute l'activité consiste à les lier. Non que le poème tente la transposition d'un texte préexistant – le Grand Livre du monde –, comme le pensait Claudel, à la suite d'une longue tradition herméneutique. C'est plutôt qu'élaborant, ou projetant son monde dans des signes, l'écriture poétique ne le fait qu'orientée par un *sens de l'intraduisible* : cette recherche continue du mot unique qu'aucun autre ne saurait remplacer, de la formule insubstituable. L'organisation singulière d'une œuvre ne tient pas à autre chose qu'à la continuité de cette orientation, à la solidité de sa tenue : qu'aucun terme du parcours ne soit susceptible de synonymie, c'est là ce qui fonde une nécessité et, par suite, l'effet de cohérence, le sentiment d'unité.

Le 3 mai 1868, Mallarmé travaillant au sonnet en *yxe*, écrit à son ami Eugène Lefébure : « ... comme il se pourrait [...] que [...] je fisse un sonnet, et que je n'ai que trois rimes en *ix*, concertez-vous pour m'envoyer le sens réel du mot *ptyx*, ou m'assurer qu'il n'existe dans aucune langue, ce que je préfé[re]rais de beaucoup afin de me donner le charme de le créer par la magie de la rime » (1998 : 728-729). Pour le plus grand bonheur de Mallarmé, l'inexistence du mot se vérifie. *Ptyx* ne veut donc rien dire (malgré les efforts des commentateurs pour le contraindre à signifier...) ; son existence, il ne la tient que de l'économie du poème (la rime avec Styx). Aussi représente-t-il l'accomplissement parfait de la fonction poétique : fragment d'un hors-la-langue, il est d'abord intraduisible. Mais comme l'a montré Bertrand Marchal, il devient par là aussi « la figure même de ce sonnet nul, allégorique de lui-même, ainsi mis en abyme dans un mot qui est son propre référent » (Mallarmé, 1998 : 1190). On ne peut guère rêver manière plus efficace de constituer l'unité d'un poème, et rares sont, à vrai dire, les audaces soumises à une telle rigueur. « Allégorique de lui-même » (tel est en effet le titre que lui donne d'abord Mallarmé), le sonnet se replie sur sa propre architecture. Le fait qu'on en ait tenté des traductions dans plusieurs langues n'y change rien : il présente l'un des états les plus avancés de la réflexion intérieure à la poésie sur sa propre intraduisibilité.

Cet intraduisible n'est pourtant pas à considérer seulement comme une borne. Ce qu'on en retiendra plutôt, c'est le sens d'une contrainte fructueuse, d'une stimulante résistance. On sait que nombre de poètes ont été conduits à une réflexion théorique plus aiguë, parfois même à des révélations sur leur propre pratique, à l'occasion d'une traduction de leurs œuvres. Segalen prend conscience de son goût pour les mots brefs – et en vient à le formuler – en lisant une traduction de certaines de ses *Stèles* en anglais. Et Yves Bonnefoy, lui-même traducteur de poésie, à souvent insisté sur les « mondes impénétrables » que constituent les œuvres des poètes qui lui importent. Mais, ajoute-t-il, « pauvreté est ressource [...] L'expérience qu'on n'a pas faite, c'est parce que parfois on l'a refoulée : et la traduction, où un poète nous parle, peut déjouer la censure, c'est une des formes de l'aide [...] qu'elle apporte. Une énergie se libère » (1990 : 156). Ce qui est à comprendre, dans la traduction de la poésie, ne concerne donc pas seulement le lecteur. Quelque médiocre pis-aller qu'elle constitue parfois, la traduction est toujours avant tout une méditation sur les confins de la parole. En dessinant les contours d'un idiome, en révélant ses butées, elle ouvre aussi le regard sur un indicible : sur les limitations, autrement insoupçonnées, d'un moi. Comment supposer que ce regard ne soit pas déjà un appel à la transgression des limites, une *libération d'énergie* ?

X

FAUT-IL VRAIMENT COMPRENDRE LA POÉSIE ?

Qu'est-ce que l'hermétisme ?

La plupart des poétiques de la poésie, au XXᵉ siècle, placèrent le *mot* au centre de leurs considérations. C'est le cas de Sartre dans *Qu'est-ce que la littérature ?* – « [Le poète] a choisi une fois pour toutes l'attitude poétique qui considère les mots comme des choses et non comme des signes » (1948 : 18) – comme celui de Roland Barthes dans *Le Degré zéro de l'écriture* – « De la poésie moderne [...] c'est le Mot qui est la demeure... » (1953 : 37) ; c'est, en un autre sens, celui encore de Heidegger dans ses analyses de la poésie de Trakl (1976 : 13-83) ; et, en un autre encore, celui de Jakobson. Pour les uns comme pour les autres, le mot représente le plan le plus favorable à l'observation du poème, et partant l'unité privilégiée de son engendrement et de son interprétation. Ces poétiques diverses, d'ailleurs parfois totalement étrangères les unes aux autres, furent salutaires dans la mesure où elles rompaient avec toutes les anciennes théologies du sujet poétique. Elles restent cependant impuissantes à rendre compte de l'*hermétisme* du poème.

Depuis plus d'un siècle, un procès d'hermétisme est instruit contre les poètes. À supposer que *tous* les poètes n'aient pas eu, un jour ou l'autre, à figurer au banc de cette accusation. À supposer même que les défenseurs du *trobar clus* n'aient pas été les premiers à justifier une forme d'art résolument élitiste. Or le jugement d'hermétisme n'est pas prononcé seulement depuis une position esthétique face aux œuvres. Appliqué au poème, il y désigne la sorte de relation que l'œuvre organise avec la communauté des lecteurs possibles. Certes, on l'a remarqué (voir question 11), le discours prosaïque, lui non plus, n'échappe pas, le cas échéant, à une telle qualification. Mais le terme nommera alors exclusivement la nature d'un choix stylistique ; il prendra fréquemment une valeur négative, et sur cette balance qui ne cesse d'osciller, au fil de la lecture, entre adhésion et détachement, il caractérisera seulement une certaine position critique face au texte. Porté sur le poème, le jugement d'hermétisme décrira au contraire le champ d'une ontologie, une structure de l'être. Non pas la structure du secret, dit et caché à la fois, qui hante les gnoses et les kabbales ; mais celle du retrait hors de l'« universel reportage » : la rupture particulière que le poème instaure non seulement avec la prose, mais aussi avec tous les langages constitués, tous les *corps constitués de la langue*, qu'ils soient poétiques ou non.

Il est, à cette rupture, deux sortes de justifications, d'ailleurs opposées.

La première apparente l'hermétisme aux fonctions de l'*énigme* : à une manière de déguiser l'objet afin de le faire apparaître dans la splendeur d'une révélation. Seule la sagacité du lecteur est à même d'accomplir cette épiphanie ; mais sur le plaisir de la trouvaille et du dénouement repose tout le charme de l'opération. Ainsi s'explique, par exemple, la mode des énigmes, dans le premier XVIIe siècle, et le succès de l'abbé Cotin (le modèle de Trissotin) qui théorisa le genre dans son *Discours sur les énigmes,* en tête du *Recueil des énigmes de ce temps.* L'énigme, dit-il, est un « discours obscur des choses claires et connues ». Son but n'est autre que le divertissement. Mais Valéry est-il très éloigné d'une telle conception, lorsqu'il présente Mallarmé comme un auteur *difficile* ? « Il y a [...] plusieurs publics, dit-il : parmi lesquels il n'est pas impossible d'en trouver quelqu'un qui ne conçoive pas de plaisir sans peine, qui n'aime point de jouir sans payer, et même qui ne se trouve pas heureux si son bonheur n'est en partie son œuvre propre dont il veut ressentir ce qu'elle lui coûte » (« Lettre sur Mallarmé », 1930 : 196). Il n'est pas sûr que cette morale du plaisir rémunérant une peine surmontée ait été dans les vues de Mallarmé. Valéry recueille bien plus certainement une tradition classique, celle qui fait de la littérature ni plus ni moins qu'« une province du vaste empire des divertissements » (1930 : 195), et de l'hermétisme, un de ses ornements.

Tout autre est l'hermétisme *essentiel*, celui auquel, à vrai dire, nous ont justement initiés l'œuvre de Mallarmé, et à sa suite celles de commentateurs comme Maurice Blanchot ou Jacques Rancière. Là, il ne s'agit plus de déguisement (encore qu'il ne faille jamais perdre de vue la part ludique des inventions mallarméennes) ni de divertissement, mais de la saisie d'une *parole essentielle*, selon l'expression de Blanchot, c'est-à-dire d'une parole qui serait aussi la pensée même (« proche l'idée »). Une telle saisie impose ses conditions, et notamment l'anéantissement continuel des formules toutes faites déposées à même la langue, le soulèvement des lieux communs qui évitent la pensée. Car écrire équivaut, pour Mallarmé, à imiter l'idée, cette « musique des rapports entre tout ». À cela, les mots sont insuffisants, « à moins que l'arabesque qui les relie en phrase ne vienne s'égaler à quelque moule originaire de la syntaxe, et montrer l'adéquation de sa structure aux "primitives foudres de la logique" ; à moins que leur disposition sur la page d'écriture ne mette entre eux une distance égale à celle qui sépare les lueurs d'esprit que l'idée mobilise » (Rancière, 1996 : 97).

Un critique s'était un jour amusé à dresser, dans une notice anthologique, la table des images utilisées par l'œuvre de Saint-Pol Roux : « *Lendemain de chenille en tenue de bal* veut dire : papillon. *Mamelle de cristal* veut dire : une carafe. Non, Monsieur, rétorque André Breton, *ne veut pas dire*. Ce que Saint-Pol Roux a voulu dire, soyez certain qu'il l'a dit » (cité par Blanchot, 1971 : 128). Cette anecdote confronte les deux acceptions du mot *hermétisme*. Elle illustre le soupçon d'inanité, de gratuité et de fausse profondeur qu'il fait peser sur les œuvres.

47 *Qu'est-ce que comprendre un poème ?*

Comprendre, c'est d'abord relier des objets qui n'ont *a priori* aucun lien entre eux. *L'intelligence* est cette faculté de liaison, cette aptitude à *inter-ligare*. Liaison qui s'exerce d'abord de point à point, mais qui progressivement en viendra à unir des groupes d'objets liés, des ensembles, afin de composer réseaux, arbres ou structures à travers lesquels il sera loisible de circuler, et dans lesquels il sera possible d'intégrer à l'avenir encore d'autres objets.

Mais cette faculté de relation n'est rien si elle n'inclut pas une appropriation du sujet liant. Car *comprendre* c'est encore *cum-prehendere*, prendre avec soi, en soi, ou sur soi, cette géographie reconnue, cette circulation des objets et des signes. À cette seule condition, le système construit nous permettra d'aller à la rencontre du monde, d'éviter les élucubrations solitaires et stériles. Pour être en mesure de *comprendre*, l'intelligence ne se contente pas de relier, comme par les fils d'un circuit électrique, des pôles éloignés ; elle établit aussi ce va-et-vient continuel entre une architecture abstraite et les accidents du monde. Elle s'affronte aux choses, aux êtres, aux événements ; et les intégrant dans des réseaux de liens qu'elle élabore peu à peu à leur contact, elle lève le voile d'étrangeté qui recouvrait la réalité. Elle *distingue* mieux, c'est-à-dire qu'à la manière d'un œil qui accommode, elle opère de mieux en mieux les distinctions entre des éléments qui semblaient d'abord identiques, ou comparables, et qui ne le sont nullement. Elle lève les confusions. La réalité gagne en netteté, aux dépens de l'irréel et de l'illusion.

Face à un texte, ces facultés d'intelligence, de compréhension et de distinction sont-elles autrement mobilisées ? Dans une page fameuse où il décrit l'effort intellectuel, Bergson analyse l'acte interprétatif appliqué au langage. Il relève ce va-et-vient entre les mots et les images de nos perceptions et de nos représentations : « qu'il s'agisse de suivre une démonstration, de lire un livre, d'entendre un discours, toujours ce sont des perceptions ou images qui sont présentées à l'intelligence pour être traduites par elle en relations » (1967 : 169). S'agit-il pour autant d'aller du concret vers l'abstrait ? Bergson montre qu'il n'en est rien. Ce qui caractérise au contraire le mouvement d'interprétation du langage, c'est sa capacité d'anticipation : loin que l'attention remonte de la perception visuelle ou auditive des mots vers leur signification, « ce que nous voyons de la phrase lue, ce que nous entendons de la phrase prononcée, est tout juste ce qui est nécessaire pour nous placer dans l'ordre d'idées correspondant : alors, partant des idées, c'est-à-dire des relations abstraites, nous les matérialisons imaginativement en mots hypothétiques qui essaient de se poser sur ce que nous voyons et entendons. L'interprétation est donc en réalité une reconstruction » (1967 : 171). Ce renversement d'une idée reçue éclaire indirectement la lecture du texte poétique. Car, en présence d'un poème, la pensée abstraite prendra son élan, comme d'ordinaire, à partir des signes tout juste entrevus et à peine effleurés. Mais là, l'élan sera brisé de deux manières.

Pour peu que le poème présente une difficulté quelconque, c'est-à-dire qu'il signale avec insistance sa rupture avec l'usage prosaïque, la prospection du sens deviendra impossible. Je lis un poème de Max Loreau :

ah balbutie
graillant
à bout de voix
et triturant étire
et tisse
ah tire
ah tr
     ÈME
       AME
   tr   ÉMULE
      ASSE
   RE
   TER   E
               (*Po&sie*, n° 93, 2000, p. 15).

Si les premiers mots permettent encore à la pensée d'anticiper un tant soi peu (le verbe *balbutie*, par exemple, laisse légitimement attendre un sujet personnel), dès le deuxième « vers », le geste n'est plus pensable. La lecture se tient pour ainsi dire au pied de la lettre, attendant encore certes, mais commençant à envisager la possibilité que le verbe n'ait aucun sujet, en tout cas, aucun sujet nommé. À partir de *ah tr*, l'empan du possible s'ouvre encore : *il se peut* que les mots n'aient même plus lieu ; *il se peut* que quelque chose comme la phrase, ou le vers, ou la langue, n'existe pas ; *il se peut...* Ces absences ne sont regrettables que pour autant qu'on les vit sur le mode de la perte, comme des états inadéquats à une attente qui continue à se faire sentir. Attente aussi absurde, en vérité, que celle d'un homme qui s'obstinerait à guetter la venue du train dans une gare désaffectée. Celui-là refuse de tenir compte d'une évidence que sa perception livre pourtant à son intelligence : que les phrases ne circulent plus quand les rails sont aussi visiblement recouverts par les ronces – entendons : que la langue se présente sous une forme aussi spec-taculairement brisée. Le voyageur immobile entretiendra une rela-tion de désarroi et d'incompréhension avec l'objet tant que durera son aveugle obstination. Jusqu'au moment sans doute où, appe-santissant l'observation, il commencera à voir lever une autre sorte d'attente, une attention à d'autres circulations insoupçon-nées, bien plus considérables que celles qu'il espérait. Peu à peu, de nouvelles formes d'anticipation s'instaureront. Les signes seront dévisagés avec moins d'insistance. Une sorte d'aisance s'installera dans la relation au poème. C'est ainsi que débutera la compréhension.

Chemin faisant, le poème a acquis la stature d'une chose vraiment résistante ; d'un lambeau du monde, écorce, pierre ou coquillage, prêt à offrir beaucoup plus qu'un *sens* : un monde à lui tout seul.

> On comprend un poème, écrit Blanchot, non pas lorsqu'on en sai-sit les pensées ni même lorsqu'on s'en représente les relations com-plexes, mais lorsqu'on est amené par lui au mode d'existence qu'il signifie, provoqué à une certaine tension, exaltation ou destruction de soi-même, conduit dans un monde dont le contenu mental n'est qu'un élément. (1971 : 129)

Qu'est-ce que comprendre la poésie ?

On n'est vraiment confronté à l'incompréhension de la poésie, que lorsque le poème n'offre aucune sorte de résistance directement perceptible. C'est le cas le plus fréquent, y compris dans le paysage contemporain ; et ce fait oblige à récuser l'invocation d'hermétisme, si souvent avancée pour justifier le refus de lire. « Il y a des poèmes [...] qui posent des problèmes de compréhension immédiate, linguistique ou de pensée considérables, écrit Jacques Roubaud. Mais il y en a au moins autant d'autres qui ne présentent nullement cette caractéristique. Mais la présence des uns et des autres dans les librairies (et généralement leur absence) ne dépend absolument pas de cette distinction » (1995 : 269). Sans doute la « difficulté » et l'opacité sont-elles encore des manières de rattachement à l'existence. La transparence assure la plus courante condamnation à l'oubli.

Or elle exprime l'un des choix esthétiques les plus représentatifs de notre modernité. En face du stéréotype mallarméen (stéréotype, en effet ; il y aurait à repenser ici la sorte de parenté qui unit le projet mallarméen et les écritures dites « blanches »), le XXe siècle est aussi porteur, dans la lignée de Laforgue, de Corbière et d'un certain Apollinaire, des valeurs de simplicité et de dénuement. Les poèmes qui s'en font l'expression ne posent pas la question de la *compréhension* dans les termes auxquels nous ont habitués les écritures de la rupture et de la défiguration. Ici, rien que de limpide, de trop limpide. De cette limpidité qui *laisse à entendre*, et qui intimide l'entente. Que penser d'un poème aussi désarmant que cet extrait d'un recueil de Pierre Reverdy ?

> L'hiver m'a chassé
> dans les rues   (1967 : 141)

Sorti du livre où nous le lisons, un tel énoncé prend l'allure d'un lieu commun prosaïque. Isolée sur la page de *La Lucarne ovale*, en revanche, son extraordinaire pauvreté devient autrement signifiante. Elle prend la valeur de la pauvreté même de celui qui, ici, parle à la première personne ; elle oblige à considérer l'hiver comme une puissance mythique qui résume tous les pouvoirs maléfiques opposés au bonheur ; ce singulier opère, sur le mode violent de la chasse, la dissémination en un pluriel indistinct, protéiforme, emblématique de la ville moderne : *les rues*. Et comment ne pas s'interroger encore sur le sens de cette *chasse*, parodie urbaine et misérable d'anciens rites nobles et ruraux ?

Mais on comprend bien que refuser la qualification de poésie à un tel morceau, c'est refuser l'*idée* même de poésie. C'est récuser en elle ce pouvoir de dérivation que naturellement de semblables énoncés mettent en jeu plus activement que les formules les plus absconses. Sans doute y a-t-il un intérêt puissant à éviter que le langage dérive à la manière de tous les bateaux ivres. Sans doute, quelque part de nous-même est-elle intéressée à ce qu'il n'en aille pas ainsi, à ce que notre habitation du monde ne soit pas troublée par de tels ébranlements. À ce qu'en somme aucun hiver ne nous chasse par les rues. Cependant, Reverdy répond lui-même à cette sorte de frilosité, en une page du *Livre de mon bord*, qui pourrait fournir un commentaire au très simple poème :

> Quant à la poésie qui ne veut rien dire de particulier à personne, qui est et qui n'est que le résidu externe d'un mouvement intérieur et parfaitement gratuit, désintéressé, voire absolument vain, elle ne comporte aucune obscurité. [...] Elle est comme tout ce qui vous entoure et que vous ne pouvez pas entourer – tout ce que vous ne savez pas que vous êtes – savoir si vous êtes – et tout ce dont vous parlez tous les jours, en termes si simples, brillants ou compliqués et dont vous ne reconnaissez pas le contour ni le visage si quelqu'un vous arrête et vous demande de quoi vous voulez exactement parler. (1948 : 254-255)

C'est de (et depuis) cette sorte d'incompréhensible que nous parle la poésie. Car la parole de l'inconnu qui nous pose des questions aussi simples que : « Que fais-tu, toi ? » ou « Qui es-tu ? », a plus de raisons de nous troubler que celle des doctes. À ce cœur de l'incompréhension touche fatalement toute poésie digne de son nom. Noyau de nuit que nous portons en nous, qui pèse sur nos destins sans qu'il nous soit possible jamais de le nommer, de l'isoler ni de le reconnaître. C'est son épiphanie que visent les poèmes les plus authentiquement poétiques – les plus définitivement incompréhensibles.

Y a-t-il, dans le poème, une part d'incompréhensible nécessaire ?

Dans la préface qu'il écrit pour *Stèles*, Segalen insiste sur un trait matériel et symbolique à la fois : la béance naturelle des pierres inscrites. Percé « en plein milieu d'un trou rond, aux bords émoussés » (1995-2 : 35), leur corps rappelle d'abord l'ancienne marque d'un treuil. Mais de cette fonction instrumentale, Segalen fait le thème d'une série de variations où s'énonce chaque fois une irruption du cosmos, sous la forme discrètement mallarméenne de « l'œil azuré du ciel lointain ». Ainsi les stèles, dans cette représentation qu'en donne le portique du livre, « incrustent dans le ciel de Chine leurs fronts plats » ; ailleurs, la lumière qui les transperce devient « un jour de connaissance au fond de soi » (1995-2 : 36) ; plus loin, les caractères qui s'y inscrivent reflètent la vision « des êtres à travers l'œil humain, coulant par les muscles, les doigts et tous ces nerveux instruments humains » (1995-2 : 37) ; finalement, elles tournent vers les passants « leurs faces illuminées de signes » (1995-2 : 38). Toute l'efficacité de cette préface tient dans le passage d'une structure instrumentale à une structure sémiologique. Le trou dans la pierre devient la béance même des signes, par où communiquent le sujet, le monde et le texte. La coulée de caractères par les doigts s'étale sur cette face même que la stèle incruste dans l'azur. Cette logique communicative ne s'impose qu'à la faveur de deux opérations inverses, et définitoires de toute stèle : la réactivation en elle de la valeur de trace ; et, conjointement, la négation de la valeur de lisibilité. « La marque du treuil est restée », dit le texte : résidu ou souvenir d'ancienne fonction, le treuil demeure mais pour se déformer en *trait-œil*, flèche des signes au cœur du visible et de l'être voyant : trait, trace, marque ou, dirait encore Mallarmé, « indice, quasi religieux ».

Or le rêve cosmique de l'indice stélaire se prolonge dans l'illisibilité des caractères. Le Wen, ce style dont relèvent les inscriptions de la stèle, n'est pas à proprement parler un langage. Plutôt :

> [un] jeu symbolique dont chacun des éléments, capable d'être tout, n'emprunte sa fonction qu'au lieu présent qu'il occupe ; sa valeur à ce fait qu'il est ici et non point là. Enchaînés par des lois claires comme la pensée ancienne et simples comme les nombres musicaux, les Caractères pendent les uns aux autres, s'agrippent et s'engrènent dans un réseau irréversible, réfractaire même à celui qui l'a tissé. (1995-2 : 36-37)

Ce *noli me legere* est l'une des plus belles expressions de l'incompréhensibilité des signes : « sitôt incrustés dans la table, – qu'ils pénètrent d'intelligence, – les voici, dépouillant les formes de la mouvante intelligence humaine, devenus pensée de la pierre dont ils prennent le grain » (1995-2 : 37). Lisons-le – l'auteur y invite – comme une allégorie de toute écriture et de toute lecture poétique : comme la réserve d'illisible que réclame, dans notre relation aux signes, la traversée, la *trouée* de ce qui n'est pas nous et qui dénonce notre étrangeté au monde.

Que répond le poète à l'accusation d'incompréhensibilité ?

« Nous est-il jamais arrivé de nous plaindre d'être mal compris, méconnus, confondus (avec d'autres), calomniés, mal ou pas entendus ? C'est là justement notre lot [...] et c'est là aussi notre excellence ; nous n'aurions pas une assez haute estime de nous-mêmes, si nous désirions qu'il en fût autrement. Nous prêtons à confusion – le fait est que nous sommes nous-mêmes en croissance, en perpétuel changement nous rejetons de vieilles écorces, nous faisons peau neuve à chaque printemps, nous ne cessons de devenir de plus en plus jeunes, futurs, élevés, forts, nous poussons nos racines avec toujours plus de puissance dans la profondeur – dans le Mal – tandis que dans le même temps nous embrassons le ciel avec toujours plus d'amour et d'ampleur et que de toutes nos branches, de toutes nos feuilles nous absorbons sa lumière avec une plus grande soif. Nous croissons comme les arbres – voilà qui est difficile à comprendre, comme tout ce qui vit ! – Nous croissons non pas à un seul endroit, mais partout, non pas dans une direction, mais tout autant vers le haut, vers la dehors que vers le dedans et vers le bas, – notre force agit à la fois dans le tronc, les branches et les racines, il ne nous appartient plus de faire quelque chose séparément ni d'*être* quelque chose de séparé... C'est donc là notre lot, comme je l'ai dit ; nous croissons vers le *haut* ; et cela dût-il même nous être fatal – car nous habitons de plus en plus près de la foudre ! – tant mieux, nous ne la tenons pas moins en honneur pour autant, et cette chose demeure ce que nous ne voulons ni partager, ni communiquer, la fatalité de la hauteur, *notre* fatalité... » (Nietzsche, « Nous autres incompréhensibles », 1982 : 280).

Ce livre est le fruit d'un séminaire printanier donné à l'université Paris VIII. Je remercie Nauf Almaiman, Samira Bakri, Melina Balcazar, Patrice Beray, Madjib Boubehata, Hermine Bec, Cartagina Dinescu, Xiaofu Ding, Mario Dobchev, Veronica Estay Stange, Thomas Faliu, Eniko Farkas, Fayçal Guellil, Ling Hang, Meriem Laouarem, Annabel Lee, Anna Marangoni, Yang Mei-Ling, Agnes Nemes Nagy, Mio Nishida, Delela Nouaili, Faez Politzer, Marion Salvador, Olga Solodorska, Yang Xuhui et Salima Yahiaoui de leur questionnement sans cesse renouvelé, de leur apport à la réflexion commune, enfin de leur contribution à la chaleureuse amitié du groupe, sans laquelle aucune recherche ne vaut.

C. D.

BIBLIOGRAPHIE

AGAMBEN, Giorgio, *Idée de la prose*, trad. Gérard Macé, Christian Bourgois, 1998.

ADORNO, Theodor Wiesengrund, *Prismes*, Payot, 1986.

ANZIEU, Didier, *Le Corps de l'œuvre*, Gallimard, 1981.

APOLLINAIRE, Guillaume, *Œuvres poétiques*, Gallimard, « Bibliothèque de la Pléiade », 1965.

ARISTOTE, *Poétique*, texte, traduction, notes par Roselyne Dupont-Roc et Jean Lallot, Éditions du Seuil, 1980.

ARTAUD, Antonin, *Pour en finir avec le jugement de dieu*, Gallimard, 1974.

BACHELARD, Gaston, *L'Intuition de l'instant*, Stock, 1931.

—, *La Poétique de l'espace*, PUF, 1957.

BARTHES, Roland, *Le Degré zéro de l'écriture*, Éditions du Seuil, 1953.

—, *L'Obvie et l'obtus. Essais critique III*, Éditions du Seuil, 1982.

BATAILLE, Georges, *L'Impossible* [d'abord intitulé *La Haine de la poésie*, 1947], Éditions de Minuit, 1962.

—, *Théorie de la religion*, Gallimard, 1973.

BAUDELAIRE, Charles, *Correspondance*, tome I, Gallimard, « Bibliothèque de la Pléiade », 1973.

—, *Œuvres complètes*, tome I, Gallimard, « Bibliothèque de la Pléiade », 1975.

BÉNÉZET, Mathieu, *L'Aphonie de Hegel*, Obsidiane, 2000.

BERGSON, Henri, *L'Énergie spirituelle*, PUF, 1967.

BLANCHOT, Maurice, *Lautréamont et Sade*, Éditions de Minuit, 1949.

—, *Faux pas*, Gallimard, 1971.

—, *L'Écriture du désastre*, Gallimard, 1980.

BOBILLOT, Jean-Pierre, *Bernard Heidsieck poésie action*, Jean-Michel Place, 1996.

BONNEFOY, Yves, *Entretiens sur la poésie (1972-1990)*, Mercure de France, 1990.

BORGES, Jose Luis, *L'Auteur et autres textes*, trad. Roger Caillois, Gallimard, 1982.

BRETON, André, *Œuvres complètes*, tome 1, Gallimard, « Bibliothèque de la Pléiade », 1988.

—, *Arcane 17 enté d'Ajours*, tome III, Gallimard, « Bibliothèque de la Pléiade », 1999.

BUTOR, Michel, *Les Mots dans la peinture*, Skira, 1969.

CAILLOIS, Roger, *Poétique de Saint-John Perse*, Gallimard, 1972.

CANGUILHEM Georges, « Réflexions sur la création artistique selon Alain », *Revue de métaphysique et de morale*, avril-juin 1952.

CHALAMOV, Varlam, *Récits de la Kolyma*, trad. Luba Jurgenson, Sophie Benech, Catherine Fournier, Verdier, 2003.

CHAR, René, *La parole en archipel*, Gallimard, 1962.

—, *Commune présence*, Gallimard, 1978.

CHARLES, Michel, *Rhétorique de la lecture*, Éditions du Seuil, 1977.

CHOPIN, Henri, *Réalité sonore*, Zhor, 2001.

CLAUDEL, Paul, *Œuvre poétique*, Gallimard, « Bibliothèque de la Pléiade », 1967.

COMPAGNON, Antoine, « "Tranquillisez-vous, on se retrouve toujours". *À la Recherche du temps perdu*, roman de la reconnaissance », dans Bruno Clément et Marc Escola (dir.), *Le Malentendu. Généalogie du geste herméneutique*, Presses universitaires de Vincennes, 2003.

CRÉAC'H, Martine, *Poussin pour mémoire*, Presses universitaires de Vincennes, 2004.

DEGUY, Michel, *Tombeau de Du Bellay*, Gallimard, 1973.

—, *Poèmes 1960-1970*, Gallimard, 1973.

—, *La Raison poétique*, Galilée, 2000.

DELEUZE, Gilles, *Critique et clinique*, Éditions de Minuit, 1993.

DERRIDA, Jacques, *De la grammatologie*, Éditions de Minuit, 1967.

DU BOUCHET, André, *D'un trait qui figure et défigure*, Fata Morgana, 1997.

ELUARD, Paul, *Œuvres complètes*, tome 1 et 2, Gallimard, « Bibliothèque de la Pléiade », 1968-1 et 1968-2.

FLAUBERT, Gustave, *Œuvres*, tome 2, Gallimard, « Bibliothèque de la Pléiade », 1952.

FOLLAIN, Jean, *Tout instant*, Gallimard, 1957.

FRÉNAUD, André, « Réflexion sur la construction d'un livre de poèmes », *La Sainte Face*, Gallimard, 1968.

—, *La Sorcière de Rome*, Gallimard, coll. « Poésie », 1973.

FREUD, Sigmund, « Psychologie des foules et analyse du moi », dans *Essais de psychanalyse*, trad. par Pierre Cotet, André Bourguignon, Janine Altounian, Odile Bourguignon et Alain Rauzy, Payot, 1981.

GÉNINASCA, Jacques, *Analyse structurale des* Chimères *de Nerval*, Neuchâtel, À la Baconnière, coll. « Langages », 1971.

GOMBROVICZ, Witold, *Contre les poètes*, Complexe, 1988.

GOYET, Francis, *Traités de poétique et de rhétorique de la Renaissance*, Le Livre de Poche, LGF, 1990.

GRÉGOIRE, Bruno, *Poésies aujourd'hui*, Seghers, 1990.

GROSSMAN, Évelyne, *La Défiguration. Artaud-Beckett-Michaux*, Éditions de Minuit, 2004.

GUYOTAT, Pierre, *Le Livre*, Gallimard, 1984.

HEIDEGGER, Martin, *Qu'est-ce qu'une chose ?*, trad. Jean Reboul et Jacques Taminiaux, Gallimard, 1971.

—, *Acheminement vers la parole*, trad. Jean Beaufret, Wolfang Brokmeier et François Fédier, Gallimard, 1976.

HOCQUARD, Emmanuel, *Tout le monde se ressemble. Une anthologie de poésie contemporaine*, POL, 1995.

HÖLDERLIN, Friedrich, *Œuvres*, trad. Ph. Jaccottet, Gallimard, « Bibliothèque de la Pléiade », 1967.

HOFMANNSTHAL, Hugo von, « Une lettre », in *Lettre de Lord Chandos*, Gallimard, coll. « Poésie »,1992.

HUGO, Victor, « Sur Lord Byron », dans *Littérature et philosophie mêlées*, Furne et Cie, 1841.

JACCOTTET, Philippe, *L'Entretien des Muses*, Gallimard, 1968.

—, *Pensées sous les nuages*, Gallimard, 1983.

JAKOBSON, Roman, *Questions de poétique*, Éditions du Seuil, 1973.

JARRETY, Michel, *Valéry devant la littérature*, PUF, 1991.

JENNY, Laurent, *La Terreur et les Signes : Poétiques de rupture*, Gallimard, 1983.

JOUVE, Pierre Jean, *En miroir*, Mercure de France, 1954.

—, *Tombeau de Baudelaire*, Éditions du Seuil, 1958.

—, *Poésie. Matière céleste*, Mercure de France, 1964.

LACAN, Jacques, *Séminaire. Les écrits techniques de Freud*, tome 1, Éditions du Seuil, 1998.

LACOUE-LABARTHE, Philippe, *Heidegger. La politique du poème*, Galilée, 2002.

LAUTRÉAMONT, *Œuvres complètes*, Gallimard, « Bibliothèque de la Pléiade », 1970.

LODGE, David, *La Chute du British Museum*, trad. Laurent Dufour, Payot et Rivages, 1993.

LOREAU, Max, « La Poésie, la peinture et le fondement du langage (H. Michaux) », dans *La Peinture à l'œuvre et l'énigme du corps*, Gallimard, coll. « Les Essais », 1980.

LUCA, Gherasim, *Le Chant de la carpe*, Éditions du Soleil noir, 1973.

MALLARMÉ, Stéphane, *Œuvres complètes*, Gallimard, « Bibliothèque de la Pléiade », vol. 1, 1998 ; vol. 2, 2003.

MANDELSTAM, Ossip, *Tristia et autres poèmes*, trad. François Kérel, Gallimard, 1975.

MARTIN, Jean-Pierre, *La Bande sonore*, José Corti, 1998.

Michaux, Henri, *Œuvres complètes*, 2 volumes parus, Gallimard, « Bibliothèque de la Pléiade », vol. 1, 1998 ; vol. 2, 2001.

MESCHONNIC, Henri, *Célébration de la poésie*, Verdier, 2001.

MUS, David, *Le Sonneur de cloches*, Champ Vallon, 1991.

NANCY, Jean-Luc, *Le Sens du monde*, Galilée, 1993.

—, *Les Muses*, Galilée, 1994.

NIETZSCHE, Friedrich, *Humain, trop humain*, tome 2, trad. par Robert Rovini, Gallimard, 1968.

—, *Le Gai savoir*, trad. Pierre Klossowski, Gallimard, 1982.

NOVALIS, *Fragments*, trad. par Maurice Maeterlinck, José Corti, 1992.

OSTER, Pierre, *Paysage du Tout*, Gallimard, coll. « Poésie », 2000.

PAZ, Octavio, *L'Arc et la Lyre*, trad. par Roger Munier, Gallimard « Les Essais », 1965.

PERROS, Georges, *Échancrures*, Quimper, Calligrammes, 1977.

PINSON, Jean-Claude, *Sentimentale et naïve*, Champ Vallon, 2002.

PONGE, Francis, *Le Grand Recueil*, Gallimard, « Méthodes », 1961.

—, *Pour un Malherbe*, Gallimard, 1965.

—, *La Fabrique du pré*, Genève, Skira, 1971.

POULET, Georges, *La Conscience critique*, José Corti, 1971.

PRIGENT, Christian, *Être moderne est-ce être illisible ?*, Reims, Noria, 1992.

—, *À quoi bon encore des poètes ?*, Valence, École régionale des Beaux-arts, 1994.

—, *Une Erreur de la nature*, POL, 1996.

PROUST, Marcel, *À la Recherche du temps perdu. La Prisonnière*, tome III, Gallimard, « Bibliothèque de la Pléiade », 1954.

QUIGNARD, Pascal, *Le Lecteur*, Gallimard, 1976.

—, *Petits Traités*, Maeght, 1990.

RANCIÈRE, Jacques, *Mallarmé. La politique de la sirène*, Hachette, 1996.

RÉDA, Jacques, *Amen, Récitatif, La tourne*, Gallimard, 1968.

REVERDY, Pierre, *Le Livre de mon bord*, Mercure de France, 1948.

—, *Plupart du temps. Poèmes 1915-1922*, Flammarion, 1967.

REY, Jean-Michel, *Les Promesses de l'œuvre*, Desclée de Brouwer, 2003.

RICHARD, Jean-Pierre, *Poésie et profondeur*, Éditions du Seuil, 1955.

RICHTER, Jean-Paul, *Éloge de la bêtise*, trad. G. Bianquis, José Corti, 1965.

RICŒUR, Paul, *Du texte à l'action. Essais d'herméneutique II*, Éditions du Seuil, 1986.

RIFFATERRE, Michael, « La trace de l'intertexte », *La Pensée*, n° 215, octobre 1980.

—, *Sémiotique de la poésie*, trad. Jean-Jacques Thomas, Éditions du Seuil, 1983.

RILKE, Rainer Maria, *Correspondance, Œuvres*, trad. par Blaise Briod, Philippe Jaccottet et Pierre Klossowski, tome 3, Éditions du Seuil, 1976.

RIMBAUD, Arthur, *Œuvres complètes*, Gallimard, « Bibliothèque de la Pléiade », 1972.

ROCHE, Denis, *La Poésie est inadmissible*, Éditions du Seuil, 1995.

ROSSET, Clément, *Le Réel. Traité de l'idiotie*, Éditions de Minuit, 2004.

ROUBAUD, Jacques, ε, Gallimard, 1967.

—, *Poésie, etcetera : ménage*, Stock, 1995.

ROUDAUT, Jean, *Dans le temps*, Théodore Balmoral, 1999.

SACHSSE, R., « De l'apparente absence de texte dans l'*audio art* », dans Vincent Barras et Nicholas Zurbrugg (dir.), *Poésies sonores*, Contrechamps, 1992.

SARTRE, Jean-Paul, *Qu'est-ce que la littérature ?*, Gallimard, 1948.

SCHLOEZER, Boris de, *Introduction à J.-S. Bach*, Gallimard, 1947.

SEGALEN, Victor, *Œuvres complètes*, 2 vol., Robert Laffont, 1995-1 et 1995-2.

SÈVE, Bernard, *L'Altération musicale*, Éditions du Seuil, 2002.

STÉTIÉ, Salah, « Le Merveilleux contre le mystère », *L'Ouvraison*, José Corti, 1995.

TARDIEU, Jean, *Œuvres*, Gallimard, coll. « Quarto », 2003.

THÉLOT, Jérôme, *La Poésie précaire*, PUF, 1997.

THOREAU, Henry David, *Balades*, trad. Léon Balzagette, La Table Ronde, 1995.

TODOROV, Tzvetan, « La Lecture comme construction », *Poétique de la prose*, Éditions du Seuil, 1971-1978.

VALÉRY, Paul, *Variété II*, Gallimard, 1930.

—, *Introduction à la méthode de Léonard de Vinci*, Gallimard, 1957.

—, *Œuvres*, tome I, Gallimard, « Bibliothèque de la Pléiade », 1957.

—, *Œuvres*, tome II, Gallimard, « Bibliothèque de la Pléiade », 1960.

VELTER, André (présentation et choix d'), *Orphée studio. Poésie d'aujourd'hui à voix haute*, Gallimard, 1999.

WATEAU, Patrick, *Les Douze Questions de mendicité*, Éditions Unes, 1997.

—, *Semen-contra*, José Corti, 2004.

WOOLF, Virginia, *La Promenade au phare*, trad. M. Lanoire, dans *Œuvre romanesque*, Stock, 1973.

INDEX

Les chiffres correspondent au numéro de la question.

Index

Achevé d'imprimer en France
le 8 novembre 2004
sur les presses de

52200 Langres - Saints-Geosmes
Dépôt légal : novembre 2004 - N° d'imprimeur : 5686